Christian Schüle

Vom Ich zum Wir

Christian Schüle

Vom Ich zum Wir

Was die nächste Gesellschaft zusammenhält

Piper München Zürich

Mehr über unsere Autoren und Bücher:
www.piper.de

Von Christian Schüle liegen im Piper Verlag vor:
Deutschlandvermessung
Türkeireise
Vom Ich zum Wir

FSC
Mix
Produktgruppe aus vorbildlich bewirtschafteten Wäldern und anderen kontrollierten Herkünften
Zert.-Nr. GFA-COC-001223
www.fsc.org

ISBN 978-3-492-05337-2

Satz: Satz für Satz. Barbara Reischmann, Leutkirch im Allgäu
Druck und Bindung: CPI – Clausen & Bosse, Leck
Printed in Germany

Prolog

Es ist unüblich, ein Buch mit einer Warnung zu beginnen; vermeiden lässt es sich in diesem Fall nicht.

Die folgenden Seiten sind eine Zumutung. Sie muten dem geneigten Leser Gelehriges, Verdichtetes, Anmaßendes, Sperriges, Kulturkritisches und Verzwirbeltes zu, dem sich auszusetzen er vielleicht keinen Sinn oder keine Zeit oder keine Muße mehr hat. Lieber soll doch alles geschmeidig und nett sein, lustig, unterhaltsam, heiter, harmlos, adrett, eingängig, emotional, mitreißend, kurzweilig. Aber kurzweilig ist weder das Leben, noch ist harmlos die Welt. Und damit beginnt das Dilemma: Wie langweilig und unbequem darf es heutzutage, da Bequemlichkeit und Psychowellness zu höchsten Gütern avanciert sind – mehr noch: wie schmerzhaft darf es sein, Betrachtungen einmassiert zu bekommen, deren Nachwirkungen man vielleicht nicht einmal spüren will?

Ein ganz und gar altmodisch beflissener Ehrgeiz grundiert die Zeilen dieses Essays, der nicht in systematischen Welterklärungsphantasien verenden will. Sein Ziel ist der Anstoß, die in die Aussage gekehrte Frage nach dem Zustand des zeitgenössischen Individuums. Es mag dieser Tage selten sein, öffentlich gemachtes Nachsinnen ohne provokante, empörungsfähige Klage oder Anklage auf eher zartem Bindegewebe auszubreiten, wenn hier und dort unverknüpfte Fäden entstehen, die ins Nichts des leeren Raums führen. Greift man den einen oder anderen Faden auf und verflicht ihn mit einem dritten – ergeben sich dann womöglich nicht ungeahnte Muster?

Gerade dieser freche Aufruhr gegen das Harmlos-Fertige, gegen die Tütensuppenintellektualität unserer Zeit, da reflektierendes Suchen und Tasten desavouiert und der Geist auf den Boulevard wie die Sprache auf den Hund gekommen ist, gerade das Schimmernde, Wabernde, Fluoreszierende des Fragmentarischen, das Frivol-Verstörende eines Eros des Unverhüllten also könnten von weitaus höherer Erkenntnis sein als die Resultate einer konfektioniert abgedichteten, hübsch layouteten Aufguss-Geistigkeit.

Ist etwas perfekt, ist es schließlich langweilig. Dann ist es durchgeführt, zu Ende gebracht.

Wir aber stehen heute wieder an einem Anfang und sollten unsere Sinne öffnen für ein paar epentaugliche Abenteuer.

Ein Autor, der seinen Leser warnt, hat in einer Kultur der Sieger natürlich schon verloren. Es sei denn, er, der Leser, der geneigte, unerschrockene, lässt sich von der Warnung erst gar nicht beeindrucken, weil der Autor es in seinem Fall mit einem selbstbestimmten, eigensinnigen, neugierigen Zeitgenossen zu tun hat, der sich nichts vorschreiben lassen, der sich reiben will am Unerhörten, der die Lust am Widerspruch und die Freude am Tiefenschürfen entdeckt, der sich gegen Hetze und Zeitnot stellt und sich von den Zumutungen eines schmalen Büchleins doch immerhin anregen lässt, auch wenn es am Ende kein Gewinnspiel gibt.

Das wäre ein Leser!

Natürlich ist es gänzlich außer Mode gekommen, den Aphorismus wertzuschätzen. Schon das Wort ist verdächtig: Aphorismus. Wann hat man es zuletzt gehört oder überhaupt schon einmal gehört? Dabei wäre der Aphorismus, das antiquiert-antike Element geistreicherer Jahrhunderte, ein Format der Stunde: die zelebrierte Verweigerung, über das Fragmentarische hinaus einer in Abertausende Splitter zerschlagenen Welt homogene Systeme oder gültige Lehren zu präsentieren und dennoch das Ganze zart zu ummänteln.

Das aphoristische Denken kommt den zeitgenössischen Sehnsüchten und ihren kurz getakteten Aufmerksamkeitsschwellen entgegen, dem Bedürfnis nach Knappheit, da die Zeit, sich in Texte zu versenken, weitgehend als verlorene, da unproduktive, geradezu müßige, jedenfalls als verschwendete gilt. Was heute Konjunktur erlebt, soll nicht wehtun, keine übermäßige Konzentration abfordern, keine Zeit stehlen.

Ausufernde Texturen zu erfassen ist ein Geschäft von Unerschrockenen. Ein Klick ein Bild, ein Link ein Zitat – je schneller etwas auf den Punkt kommt, je einfacher ausgedrückt es ist, desto besser lässt es sich konsumieren, auch wenn ein Punkt als Abschluss einer Entwicklung verstanden werden muss und in Frage steht, ob man ihn, den Punkt, überhaupt begreifen kann, wenn man die Entwicklung nicht begriffen hat, die ihm vorausliegt.

Ein Aphorismus ist so kurz wie möglich und so lang, wie es sein Inhalt erfordert. Der Inhalt des Aphorismus generiert seine eigene Form, oder so gesagt: wenn Form zum Inhalt wird, ist der Aphorismus geglückt.

Aphorismen sind unberechenbar. Sie attackieren die Gewohnheit. Mal sind es zehn Zeilen, mal fünf Seiten; mal enden sie im Nichts, mal finden sie kein Ende. Sie sind Clips, die man, dem Takt der Gegenwart entsprechend, wegzappen kann, in ihrer aufgeregten Abgeklärtheit aber sind sie denkbar eitel, denn trotz ihrer minimalen Kürze wollen sie maximale Beachtung. Der Aphorismus zieht den Leser auf knappem Raum in die Tiefe, und wenn er, der Leser, luftschnappend auftaucht, zieht ihn der ihm folgende sogleich in die nächste Tiefe, was auf einer herrlichen Höhe enden kann, wenn der Aphorismenkonsument nicht bereits in die Krise gestürzt ist.

Die folgenden Seiten bestehen fast ausschließlich aus unkonsumierbaren und doch appetitanregenden Gedankensplittern. Sie überlassen es dem Leser selbst, am jeweiligen Ende eine Pause einzulegen, um über das Gelesene nachzudenken, abzuschweifen oder sich zu ereifern.

Einer jener Glaubenssätze der Globalisierung, denen heute niemand mit angebrachter Skepsis begegnet, ist die Lüge, dass alles mit allem zusammenhänge. Abgesehen vom filigranen Gnostizismus, der darin steckt, ist der Satz nicht mehr als ein Wunschtraum ratloser Weltverklärer. Nichts hängt freilich mit gar nichts zusammen, das ist der Fall. Auf die tiefgründelndteutsche, herrlich nachtschwarze Erkenntnis des Heinrich Faust, nicht zu wissen, was die Welt im Innersten zusammenhält, müssten wir heute unruhig am Pulte stehend antworten: na, die Welt! Das mutet beinahe banal an. Aber wer hat je widerlegen wollen, dass das Banale die Schönheit des Moments in sich trägt?

Der erste Teil dieser streitbaren Schrift besteht im Versuch, eine Denkfigur zu entwerfen: jene des freien Individuums in einer fragmentierten Welt, das auf dem Höhepunkt seiner Freiheit unfrei ist. Der zeitgenössische Mensch wird begriffen als historischer Endpunkt einer Freiheit, deren exzessivem Regime er nicht mehr gewachsen ist. Freiheit will etwas, dessen Zustandekommen sie nicht garantieren kann. Man kann Freiheit nicht konsumieren, und Freiheit kann man nicht gewinnen, nur verlieren. Reduziert auf die Erkenntnis, keinerlei Identität zu haben, weder eine persönliche noch, wohlgemerkt, eine soziale, steht das zeitgenössische Individuum schließlich am Abgrund: unter ihm der Fluss des Vergessens, über ihm ein Himmel ohne Götter, vor ihm nichts als reine Zukunft.

Der zweite Teil versucht sich an der Statik einer stabilen Brücke zwischen dem gedemütigten Individuum und der Gemeinschaft. Rasch sind Politiker und Leitartikler mit wohlfeilen Ratschlägen zur Hand, es müsse eine Kultur der Gemeinsamkeit geben. Aber was ist das? Und wie organisiert man dieselbe? Es wird also um reale Begegnungen, Rückversicherungen und Rückbindungen gehen müssen. Über Skizzen und Gedanken, wie man Individuum und Gemeinschaft unter heterogenen Bedingungen eines freisinnigen Liberalismus verknüpfen könnte, liefert der Essay im dritten Teil schließlich Fragmente eines neu zu organisierenden Vertrags der Gesellschaft mit sich selbst.

Über das inhaltliche Programm hinaus bietet *Vom Ich zum Wir*, im Preis mit inbegriffen, auch noch eine Navigationshilfe an. Gesetzt den Fall, einem Leser sei das Thema eines Abschnitts überaus unangenehm oder er fühle sich persönlich angegriffen, kann er den entsprechenden Abschnitt selbstgewiss überspringen, quasi links liegen lassen, ohne den Faden einer der Sache dienenden Argumentation zu verlieren. Der am Anfang jedes Abschnitts jeweils *kursiv gesetzte Satz* markiert dessen Leitmotiv. Die ausschließliche Lektüre aller dieser Leitmotive ist ein kurzes Vergnügen, ergibt aber eine thesenartige Zustandsbeschreibung, die die Kernfäden des gesamten Gebindes beinhaltet.

1. Teil

Aufstieg und Fall des zeitgenössischen Individuums

1.

Nie zuvor in der Geschichte war der Einzelne freier als heute und nie zugleich in seiner Freiheit versklavter.

Das Individuum ist historisch scheinbar vollendet und doch auf den Nullpunkt seiner Identität gesetzt. Hat das Ich sich über Jahrhunderte hinweg aus den Fängen des Wir befreit, ist ihm heute sein Wir abhandengekommen. Eine bedenkenswerte Malaise.

Warum seine immense Freiheit den Menschen unfrei macht, weshalb die Strukturen, die ihn einst frei machten, ihn »entmenschlichen«, warum, kurzum, die Notwendigkeit eines neuen Gesellschaftsvertrags besteht – um nichts Geringeres soll es in dieser Streitschrift gehen. Sie versteht sich sowohl als tastende Suche nach Gewissheiten wie auch als bescheidener Aufruf zur Rettung unserer Autonomie.

2.

Auch wenn er ständig in Bewegung ist, lässt der Mensch sich von nichts mehr bewegen.

Der Mensch von heute ist getrieben. Er hetzt durch das Leben, ohne es zu spüren. »Es« meint die Hetze wie auch das Leben selbst. Präziser gesagt, hetzt das Leben ihn durch sich hindurch. Es hat sich von ihm abgekoppelt und spielt sich auf als eigenes Regime. Obwohl der zeitgenössische Mensch glaubt, seine Lebenswelt in hohem Maße zu gestalten, ist es vielmehr so, dass die Umstände seines Lebens ihn gestalten. Er ist reaktiv. Er reagiert auf Ansprüche, die ihn nicht ansprechen, ihn aber auffordern, sie zu erfüllen. Der Mensch von heute gehorcht.

Es sind dies höchst widersprüchliche Ansprüche. Das zeitgenössische Individuum soll perfekt kalkuliert, rational planend, effizient, engagiert, innovativ und dauerhaft kreativ sein. Und gleichzeitig charismatisch, enthusiasmiert, sozial kompetent und einfühlsam. Geht das? Ein Pfarrer würde sagen: »Nur im Vertrauen auf Gott.« Ein Gewerkschafter würde sagen: »Nur mit höheren Löhnen.« Ein Psychoanalytiker würde sagen: »Nicht ohne Freilegung des Verdrängten.« Ein Coach würde sagen: »Nicht ohne Stärkung des Selbst im Ich.« Ein Unternehmer würde sagen: »Alles geht, wenn man es nur will.« Ein Politiker würde sagen: »Die gegnerische Partei ist schuld.«

Wir sagen: Abwarten.

Genötigt zu ständiger Bewegung, hat der zeitgenössische Mensch auch ständig mit dem Gefühl zu tun, der Geschwindigkeit dieser Bewegung nicht genügen zu können. Das Neue ist schon da, wenn das Alte noch nicht einmal so weit verschwunden ist, um im herkömmlichen Sinne als »alt« gelten zu können. Die Koexistenz von Altem und Neuem ist irritierend, weil sie eine neue Logik etabliert und das natürliche Gefühl für Zeit tilgt. Impulse jagen einander, während die Kraft zu ihrer Verarbeitung schwindet. Es fehlt die Dauer, um Bindekräfte zu entwickeln, und wenn alles, was kommt, sogleich wieder schwindet, hat folglich nichts Bestand.

Der zeitgenössische Mensch zum Beispiel steht morgens auf, um einen ganzen Tag lang den Ansprüchen gerecht zu werden, die das Leben an ihn stellt. Die Ansprüche sind hoch, aber niemand weiß, warum sie so hoch sind. Sind sie höher als vor Jahren? Vermutlich. Aber wodurch? Und wo kommen sie her? Und wer hat sie eigentlich formuliert? Zur Ruhe kommt der Mensch von heute selten, obwohl ihn kaum noch etwas bewegt. Auch wenn er ständig in Bewegung ist, lässt er sich von nichts mehr bewegen. Das ist einer jener faszinierenden Widersprüche, denen der Zeit-Genosse unausgesetzt ausgesetzt ist. Er stellt sich keineswegs der Frage, woher die Ansprüche kommen, die ihn nicht zur Ruhe kommen lassen. Fragen halten auf und können unangenehme Nebenwirkungen zeitigen. Ohnehin wird kaum noch gefragt, sondern gleich geantwortet oder zumindest mit den Schultern gezuckt.

Der Mensch von heute hat kein Gefühl für sich, aber durchaus das Gefühl, nirgends mehr anzukommen. Er ist immer Zweiter. Das ist ungeschickt in einer Epoche, die allein den Sieger als wertvollen Menschen erkennt. Kaum hat der Hastende ein Ziel erreicht, muss er von vorne anfangen, weil erfüllte Ziele nur Etappen auf dem Weg zu neuen erfüllbaren Zielen sind.

Der Mensch von heute arbeitet, um zu arbeiten. Selten stellt er durch Arbeit etwas her. Wenn er etwas herstellt, dann noch seltener Güter, die ihm selbst von Wert sind. Er hat das Gefühl, Glied einer Kette von Funktionen zu sein, deren Sinn darin besteht zu funktionieren. Genau genommen weiß er nicht mehr, wo ihm, wie man sagt, der Kopf steht. Ab und an schmerzt derselbe spürbar, weil er sein gefühltes Gewicht verdoppelt hat und die Nackenmuskeln verspannen. Natürlich kann man dann allmorgendlich Yoga praktizieren und in seine Füße atmen. Manchmal beruhigt auch eine Höhlenmeditation oder die Anrufung des Feuers während einer mystisch umflorten Nacht der Erleuchtung für ein paar hundert Euro auf einer spirituellen

Sommerakademie. Kehrt der rasch Erlöste mit dalai-lamischer Lächelei aber aus dem inneren Exil zurück, empfangen ihn bereits hundert mal hundert Verführungen, die ihn aufs Neue von sich fortlocken.

3.

Der Mensch von heute ist erschöpft.

Fragt er sich, *was* konkret er will, kommt er zu keiner Antwort. Kann es sein, dass er gar nichts will, obwohl sein Wille nach irgendetwas so unerhört groß ist? Wenn er aber etwas will, von dem er nicht weiß, was konkret es ist, *warum* will er es dann unbedingt?

Es gibt Momente, da spürt er die Leere in sich. Draußen, in den Kulissen der Warenwelt, tobt die sinnlich-süße Fülle, es blinkt und glitzert, schäumt und jault, und er, der Mensch von heute, kann sich den Verführungen nicht hingeben, weil er keine Kraft mehr zur Hingabe hat.

Wer sich nicht hingibt, der gibt nicht. Ist der Mensch von heute ein blutleerer Konsument eines Lebens, das gar nicht seines ist? Das hieße ja, er hätte sich sein Leben ausgeborgt, womit wir dem Kern dieser Betrachtungen abermals einen Schritt näher kommen, denn die große Frage ist: Von wem?

4.

Der Mensch von heute ist nicht nur getrieben und erschöpft, er ist ein Sklave seiner selbst.

Auch wenn er sich selbst nicht spürt, so spürt er seine Erschöpfung durch sich. Seine eigene Getriebenheit erschöpft ihn. Die Ausdauer, die er bräuchte, dem Ansturm der Impulse und Ansprüche schöpferisch begegnen zu können, ist übermenschlich. Weil er aber einstweilen nur Mensch und nicht Maschine ist, legt er, um die ständigen Depressionen zu verhüllen, an Fitness zu und erhöht die Drehzahl seiner Erschöpfung. Anerkennung erhält, wer der Rationalität der Ansprüche geradezu spielend standhält und glaubhaft versichert, die Umstände, die ihn gestalten, aktiv zu gestalten. Vor lauter Übermenschseinmüssen hat er sein Menschseinkönnen verloren. Wann wäre er *er selbst*? Er kann die Frage nicht beantworten. Für die unterhaltsame Klärung der größten Fragen gibt es schließlich Horden von philosophiererischen Lebensberatern, Motivationsmystikern und Ratgeberautoren mit Bestsellerambition.

Kaum etwas ist ihm verboten, und doch fühlt er sich fremdbestimmt. Wer ihn bestimmt, weiß er nicht; was ihn bestimmt, auch nicht. Er weiß nicht, was er wissen kann, und weiß nicht, was er wissen soll. Er weiß durchaus, dass er nie genug wissen kann und seine Einsicht in das eigene Nicht-Wissen keiner Paranoia entspringt. Kaum eine wie auch immer konjugierte Sonntagsrede geht über das Katheder ohne den Imperativ: Bürger, wisse mehr! Lerne lebenslang, sonst bist du verloren!

Wissen ist alles andere als Macht, sondern erst einmal Grundbedingung, überhaupt bestehen zu können. Wenn der zeitgenössische Mensch sein Leben lang lernen, sich fortbilden, hier und da verbessern soll, gerät sein Alltag zur fortgesetzten Verweigerung von Muße. Manche retten sich aus diesem Korsett durch Ausstieg, andere durch Askese oder Amok. In der extremsportlichen Überbietung der Ausbeutung, im permanenten Ironman-Triathlon eierschalfragiler Bürohengste, bricht sich schließlich eine Übersteigerungs- und Grenzerfahrungssucht Bahn, die der eigenen Betäubung durch die Umstände durch eine Betäubung der Umstände trotzt. So arbeitet der Zeitgenosse hier und da sogar mit Anabolika an der Wiedergewinnung seiner Hingabefähigkeit. Der Buddhismus ist bei vielen Individualisten der westlichen Industriegesellschaften deshalb en vogue, weil sein höchstes spirituelles Ziel in der Suspension aller Bedürfnisse und der Aufhebung des Zwanges zu ihrer Erfüllung besteht.

5.

Nichts kennzeichnet die subjektive Lebenswelt von heute mehr als die »Wahl« und ihre Ambiguität.

Der Zeitgenosse ist Genosse unserer Zeit, weil er die Wahl hat. Er ist Wahlgenosse. Er ist immer in Wahl und immer vor einer Wahl. Die Wahl fordert ihn permanent heraus. Getrieben und erschöpft von und durch Kräfte, die er nicht kennt, ist der zeitgenössische Mensch Sklave einer Freiheit, die in der Wahl besteht. Das Perfide ist, dass sie ihn stets auffordert, sich selbst zu wählen, ohne ihn nach erfolgter Wahl zu sich kommen zu lassen.

Alle modernen, postmodernen und spätmodernen Ich-Entwürfe haben dieselbe Grundlage: Selbstwahl. Nicht der gnädige Akt einer Regierung, einer Gottheit oder anderen diffusen Macht bestimmen Wert und Stellung des Individuums – das System der Freiheit selbst erlaubt, ja erfordert geradezu, dass der Einzelne sich selbst wählt und durch die Wahl selbst ergreift.

Aber was ergreift er da, und woraus wählt er?

Die Selbstwahl ist ein zweischneidiges Schwert. Zum einen ist sie bis heute der höchste Ausdruck individueller Freiheit, weil sie dem Einzelnen die Entscheidung über die Art und Weise seines Selbstseins auch selbst überlässt. Zum anderen zwingt sie ihn, sich permanent selbst für die Wahl zur Verfügung zu stehen. Dass jeder seines Glückes *eigener* Schmied zu sein hat, bedeutet ja nichts weniger, als dass er stets an sich zu arbeiten und sich in Form zu bringen hat.

Wenn der Einzelne angehalten ist, permanent derart über sich zu verfügen, wird er zu seinem eigenen Instrument. Durch den Zwang zur Instrumentalisierung seiner selbst unterstellt er sich einer Logik der Funktionalität. Er wird berechnend, weil er selbst berechnet wird. Diese berechnende, oder wie man auch sagen könnte: instrumentelle Vernunft, diese mess- und vermessbare Rationalität, greift bereits im Säuglingsalter auf den Menschen zu. So wird über das Kind verfügt, es müsse im Streben nach Perfektion aufwachsen, um später einer stets abrufbaren Funktionstüchtigkeit gerecht zu werden, die es sein Leben lang beherrschen wird. Über die Möglichkeit zur vorgeburtlichen Anmeldung am Gymnasium samt anschließender Studienplatzsicherheit und Rentengarantie würde es auf den Marktplätzen deutscher Städte vermutlich Freudentänze geben. Ein durchgeplantes Leben ist ein effektives Leben, ein effektives ein effizientes. Was dabei auf der Strecke bleibt, ist die wirkliche Freiheit der Wahl seiner selbst.

6.

Das Ich hat sein Wir verloren.

Je freier der Einzelne, will heißen: je größer seine Wahlfreiheit ist, desto größer ist auch seine Verantwortung, das Richtige zu wählen. Was aber ist das Richtige? Das, was ihm selbst entspricht. Aber woher weiß der Einzelne, was ihm entspricht? Sich in jeder Situation wählen zu müssen, setzt ja erst einmal die *Fähigkeit* zur Wahl voraus, die keineswegs selbstverständlich ist, weil die Fähigkeit zur Wahl wiederum voraussetzt, dass der Einzelne *in der Lage* ist, sich zu jeder Zeit selbst zu steuern. Oft sind Menschen aber dazu außer Lage: trotten auf der schiefen, halbschiefen oder abfallenden Bahn; unfähig, die Koordinaten ihrer Lage anzugeben, den lastenden Kopf nach hinten oder unten gewendet. Der klare Kapitänsblick auf der Brücke des eigenen Schiffes ist selten ungetrübt.

Freiheit ist keine Gegebenheit. Freiheit ist eine Idee. Mit Freiheit umzugehen erfordert eine Fähigkeit, die Charles de Montesquieu, der vornehme Denker der Aufklärung, Anfang des 18. Jahrhunderts »virtú« nannte. Die *virtú* ist, altmodisch gesprochen, eine Tugend. Sie ist die treibende geistige Kraft in einer demokratischen Gemeinschaft, das Vehikel der *res publica* – der Sache, die uns alle und also jeden Einzelnen angeht.

Dem Ausmaß an Freiheit ist nicht jeder gewachsen, und dem Ideal des sich selbst ergreifenden Ichs steht seit geraumer Zeit kein sozialethisches Korrektiv mehr entgegen. Das heißt: Das freie Ich hat keine *virtú* mehr, weil sie ihm weder schulisch noch gesellschaftlich vermittelt worden ist. In der *virtú* aber steckt der Geist *für die* Gemeinschaft, wenn nicht gar der Geist *der* Gemeinschaft. So ist zu vermuten, dass dem zeitgenössischen Ich sein Wir abhanden gekommen ist.

7.

Das freie Individuum ist nicht mehr über seine Freiheit im Bilde.

Natürlich lebt der deutsche Mensch der Gegenwart in unerhörtem Frieden und mit den größtmöglichen Freiheitsversprechen. Er darf zwischen Hunderten, manchmal Tausenden Alternativen wählen, was sich, möchte er sich im Starbucks oder Fellows oder Balzac um die Ecke einen Kaffee besorgen, beispielsweise wie folgt gestaltet: To stay oder to go? Groß, mittel, klein? Halbfett, vollfett, Karamell, Kakao, Apfel, Zimt? Selbst der Genuss wird zur Arbeit der Entscheidung. So zieht sich das in jeder Hinsicht durch alle Lebensbereiche. Der Wahlfreiheit entkommt er nicht mehr. Mit jeder Wahl muss er sich entscheiden und mit jeder Entscheidung Verantwortung für dieselbe übernehmen. Und wenn er keine Verantwortung übernehmen will? Er muss. Der Wahl-, Entscheidungs- und Verantwortungszwang ist die erste fraglos plausible Rationalität, der er nicht mehr entkommen kann.

Statt freier Selbst-Wahl herrscht in Wirklichkeit Wahlzwang als bloße Illusion der Selbst-Wahl, weil er immer auf Nutzenmaximierung aus ist. Eine Wahlmöglichkeit ist damit nur noch *innerhalb* dieser Logik der Optimierung gegeben, der man sich, um überhaupt wählen zu können, unterordnen muss. Jeder Einzelne wird zum Erfüllungsgehilfen. Er ist ständig damit beschäftigt, *sich zu entwickeln*, das heißt nichts anderes, als sich selbst zu verbessern, um den Anforderungen an sich gerecht zu werden. Woher kommen diese Anforderungen? Sie gelten, *weil* sie gelten. Sie sind fraglos plausibel. Wie sie zu ihrer Geltungskraft finden, ist nicht zu sagen. Sie sind Ausdruck ihrer eigenen Bewährung, also sind sie Ausdruck einer Übereinkunft von Menschen, dass sie, diese Anforderungen, richtig seien, sonst gäbe es sie nicht.

Der Einzelne selbst trägt die Last seiner eigenen Freiheit. Sie wiegt schwer, schwerer als der Kopf, von dem er nicht immer weiß, wo er steht. Niemand hat ihm beigebracht, wie mit Freiheit umzugehen ist, weil ihm niemand beigebracht hat, Freiheit zu erkennen. Wo fängt sie an, wo endet sie? Sie ist ja kein Gut und nicht zu erwerben. Sie ist von Anfang an da. Der Mensch von heute wächst in Freiheit auf. Er *ist* Freiheit. Aber niemand hat ihm gesagt, dass Freiheit eine Diva ist: Sie will, fordert und ist höchst empfindlich. Man kann sich darauf verlassen, dass sie da ist, aber nicht darauf, dass sie einem entgegenkommt. Also muss jeder sich und sein Leben ergreifen, indem er seine Freiheit ergreift.

8.

Das Wort der zu Ende gehenden Epoche ist »Ich«.

Die Geschichte der letzten siebenhundert Jahre seit Beginn des Humanismus mit dem italienischen Dichter Francesco Petrarca ist eine Erzählung von der Selbstbestimmung des Individuums. Durch die Renaissance hindurch emanzipiert sich das Ich in seiner konkreten Erlebniswelt aus dem göttlichen Zusammenhang und begreift sich zunehmend als handelndes Subjekt. Die Geschichte der letzten zweihundert Jahre seit Ende der Französischen Revolution ist dann eine Geschichte der wachsenden Egozentrierung. Anfang des 19. Jahrhunderts setzt der Wandel von nachahmender zu kreativer, schöpferischer, ja: selbstschöpferischer, kurzum: romantischer Auffassung von Leben und Kunst ein – eine sich selbst erschaffende Ordnung mit zentralem Bezug zum impressionistisch wahrnehmenden, sich selbst spürenden Ich.

Die Geschichte der vergangenen sechzig Jahre schließlich ist eine Geschichte der Beschleunigung extremer Subjektivität. Seit vierzig Jahren sind wir Zeugen der Vollendung dieser Epoche der reinen Selbstbezüglichkeit. Vornehmlich seit der zweiten Hälfte der 1960er-Jahre etablierte sich im Zuge der Emanzipation von der festgezurrten Ordnung der jüngeren Geschichte ein Pathos der Ich-Stilisierung, ein öffentliches Sezieren des Intim-Privaten in höchster Sensibilität für sich selbst als permanent kränkbares Subjekt. Man strebte nach den hohen Weihen unbedingter Selbsterfahrung. Individuen wurden zunehmend zu Ichlingen, deren Wesenszug ein weitgehend erzwungener Narzissmus ist. Mit dem eigenen Ich zur Geltung zu kommen ist eine unerhörte Hypothek, weil nie klar ist, wer dieses Ich eigentlich ist.

Wer es nicht zu fassen bekommt, liest nach. Populäre Zeitschriften widmen sich verstärkt und schwerpunktmäßig der großen Unbekannten (»Das Geheimnis einer besonderen Beziehung« oder »Wer bin ich? Was die Persönlichkeit prägt«). Das Ich ist Dauergast auf den Titelseiten von »Psychologie heute«, Bücher tragen es im Titel, man fragt sogar Lebensberater und Ratgeberautoren, wer dieses Ich eigentlich sei. Nichts ist leichter, als »ich« zu sagen, nichts schwerer, als zu sagen, was Ich sei. Abgesehen von allen psychologischen und philosophischen Versuchen, so etwas wie eine personale Identität zu begründen, ist dieses Ich letztlich die Chiffre für den Endpunkt einer Bewegung. Das Ich steht im Finale einer historischen Entwicklung von der Renaissance bis zur Spätmoderne im Zeichen abendländischer Vernunft und sieht sich ausgerechnet dieser Tage zurückgeworfen auf die Frage nach seinem Anfang.

Um es zusammenzufassen: In den vergangenen siebenhundert Jahren hat sich das Individuum Epoche für Epoche selbstbestimmter aus militärischen und moralischen Einkleidungen herausgeschält und Schicht um Schicht Gemeinschaft abgelegt, bis die nackte Wurzel freigelegt war. Das lateinische Wort für Wurzel ist *radix*, wovon das Adjektiv *radikal* abgeleitet ist. Der Begriff Individuum wiederum entstammt dem lateinischen *individuus*: un-teilbar. Der radikale Individualismus unserer Tage setzt so gesehen die Freilegung der Wurzel des Einzelnen aus dem Humus schützender Bedeckungen der Gemeinschaft voraus. Je ungeschützter die Wurzel ist, desto verletzlicher ist sie. Und je autonomer, desto einsamer.

Heute ist als Kristallisationskern der eigenen Identität allgemein anerkannt weder göttliche noch weltliche Geschichte, sondern die Steigerung des subjektiven Glücks und Wohlstands bis zur Unermesslichkeit, wobei Glück und Wohlstand ein symbiotisches Verhältnis eingegangen sind und im exzessiven Individualismus ihre Synthese fanden. Will heißen: Der Bezugspunkt meines Glücks bin stets ich selbst, ist stets dieses unteilbare, radikale Ich, das seine angenommene Authentizität unbedingt artikuliert, verteidigt und wahrt. Das Internet stellt seiner radikalen Selbsterhebung Foren und Portale wie MySpace oder YouTube bereit, in denen jeder via Videoclips sein Ich der Weltöffentlichkeit anbieten kann. Nichts scheint vertrauter und vertrauenerweckender als die Tyrannei der Intimität authentischer Individuen. Ihre Bilder kommen und verschwinden, sodass das Bleibende das Verschwinden selbst ist. Das Handy fungiert als bisher treffsicherstes Symbol dieses Atomismus: Es ist Empfänger wie Sender ureigenster Authentizität. Über die permanente Erreichbarkeit, so sie durch das Anschalten des Geräts gewollt ist, ist das spätmoderne Ich auch permanent adressier- und verortbar.

9.

Das Leben, das der Mensch von heute wählt, ist ein Leben in der Beschleunigung.

Es zieht davon und manchmal an einem vorbei, was merkwürdig ist, weil man selbst es doch ist, der die Zügel in der Hand hält und durch entsprechenden Druck der Beine Galopp oder Schritt zu bestimmen glaubt. Um den Irrsinn dieses Irrtums deutlich zu machen, nehmen wir den keineswegs fiktiven und überaus verallgemeinerbaren Fall eines süddeutschen Prokuristen und nennen ihn zum Schutz seiner Person Robert Opfer.

Um sechs Uhr steht Opfer auf, um sieben ist er im Büro. Bis acht arbeitet er fünfzig bis achtzig E-Mails ab, die vom Vortag übrig geblieben sind – zwei Drittel davon »cc«, zur Absicherung. Niemand will heutzutage einen Fehler machen. Ab acht klingelt das Telefon, allerlei Kurzbesprechungen; ab neun folgen Telefonkonferenzen im 15-Minuten-Takt. Zu Mittag isst er selten, und wenn, dann als Arbeitsessen im Stehen, das Handy am Ohr, auf der Suche nach einer geeigneten Kau-Frequenz seines Kiefers, um möglichst schnell den Mund für Anordnungen freizubekommen. Der Nachmittag ist durchgetaktet, Meetings, Konferenzen, Meetings. Ab 17 Uhr kann Opfer in Ruhe abarbeiten, was den Tag über angefallen ist: Angebote prüfen, Angebote erstellen, Budgets überwachen, Terminpläne abgleichen, Ressourcen planen.

Mit Anfang 30 führt Opfer 26 Mitarbeiter. Er ist für sie und ihre Familien verantwortlich. Seine eigenen Kinder sieht er werktags nicht. Zwischen 21 und 2 Uhr kommt er nach Hause. Dienstagabends geht er direkt zum Basketball, freitagabends zum Chor. Einmal im Monat trifft er sich mit anderen Elternbeiräten, einmal alle zwei Wochen tagt der Kirchenvorstand. Verabredungen mit Freunden trägt Opfer vier bis sechs Wochen im Voraus ein, bis er keine Freunde mehr hat, weil Nähe durch Nähe kommt und sein Arbeitstag keine Nähe mehr zulässt. Zwei Wochen Urlaub sind drin, am vierten Tag wird er jedes Mal krank. Ohne elektronischen »Timeplaner« ist sein Leben undenkbar. Anfangs arbeitete Opfer 2000 Stunden pro Jahr, fünf Jahre später sind es 4000. Er arbeitet meist sonntags, samstags ohnehin. Zum Schluss kommt er auf 4000 Überstunden im Jahr, 2000 mehr als zu Beginn seines Aufstiegs 1996. Der Wahnsinn war schon da, und er, Opfer selbst, ist der Nukleus dieses Wahnsinns, den er nicht bemerkt.

Je schneller seine Leute Halbleiterfabriken aufbauen, Prozesse optimieren, mehrere Schritte gleichzeitig organisieren und somit unvorhergesehene Lücken füllen, desto höher fällt der Bonus aus, den seine Firma einstreicht – durchaus 50 0000 Euro pro Woche an eingesparter Zeit. Mitte der 1990er-Jahre braucht seine Firma für den Bau einer Fabrik 24 Monate; 2004 sind es elf. Für die Auftraggeber zählt jeder Tag; die Technologie wächst schnell und ohne Rücksicht.

Das Handy liegt stets in Reichweite. Wer immer erreichbar ist, steht auf der richtigen Seite. Opfers Chefs sind ja in derselben Spirale und froh um jeden, der mit ihnen mitdreht. Führungskräfte sind einsam. Führungskräfte haben kein Zuhause mehr, und wenn sie überhaupt Vertraute halten können, sind diese oft unerreichbar über die ganze Welt verteilt. Direkte Gespräche gibt es kaum noch, die sozialen Bezüge gehen kaputt, die natürlichen Bezugspersonen fehlen. Die Fülle der Entscheidungen ist überfordernd, die Tragweite von Millionendeals und Massenentlassungen auf Dauer schwer zu verkraften und die Abhängigkeit von Analysten, Börsenkursen, Quartalsbilanzen und Aktieninhabern enorm.

Opfer ist sich immer im Klaren gewesen, dass diese Arbeitsweise von ihm erwartet wird. Anwesenheit ist oft karrierefördernder als Kreativität. Gerade die Deutschen definieren den Wert des Seins vornehmlich über Arbeit, Einsatz und Quantität.

Opfers Halswirbelschmerzen sind schon lange chronisch. Er hatte drei Gehörstürze und einen Tinnitus. Das Kopfweh wurde Standard. Als er mit seinen Kindern nur noch per Mailbox kommuniziert und merkt, dass seine älteste Tochter rein gar nichts mit ihm anzufangen wusste, als sie eines Sonntags fremdelnd auf seinem Schoß sitzt, überkommen ihn die Tränen. Dieser Tag ist das Ende des Dogmas, die Welt nach eigenem Gusto gestalten zu können.

10.

Das zeitgenössische Individuum ist ein »unternehmerisches Selbst«.

Mit der Wahl von Politikern oder Arbeitsverhältnissen, Berufsrichtungen oder Kaffeesorten legt der Einzelne sich und sein Leben fest und wählt sich dadurch selbst. Er nimmt sich in die Hand. Er unternimmt sich. Demgemäß fungiert jedes Individuum wie ein Unternehmer in eigener Sache. Als unternehmerisches Selbst gerät er in den »Sog des Unternehmerischen«, wie es der Leipziger Politologe und Ethiker Ulrich Bröckling nennt. Dieser Sog hat von Schule bis Verwaltung die gesamte Lebensführung im Griff. Der Mensch von heute ist alles in einem: Planer, Designer, Produzent, Vertriebstechniker und Manager seiner eigenen Marke. Er ist ein unternehmerisches Selbst, das die Aktie seiner Persönlichkeit möglichst gewinnbringend einsetzt. Gewinn bringt, was Ansprüchen genügt, die bereits da sind, bevor das Selbst unternehmerisch wird. Also muss sich der zeitgenössische Mensch, wenn er sich unternimmt, den Ansprüchen anpassen. Dafür muss er erstens den Markt ständig beobachten und zweitens seinen eigenen Wert ständig neu darin ausrichten. Die eigene Lebenswelt wird zum totalen Marktplatz. Die Teilnehmer verhandeln sich als ihr eigenes Objekt. Je perfekter das gehandelte Objekt, desto größer die Chance auf Verkauf. Als Broker seiner selbst muss der zeitgenössische Mensch wissen, wann er wie viel seines Humankapitals in welchen Kreislauf investiert. Natürlich ist er völlig frei, hier zu spekulieren oder dort. Spekuliert er aber falsch, hat er nicht nur seine Freiheit, sondern gleich sich selbst verspielt.

Wahlfreiheit ist eine gefährliche Angelegenheit, weil seine Freiheit dem Einzelnen keine Wahl lässt.

11.

Die perfideste aller Lügen ist das Versprechen von Perfektion

– mehr noch: die Idee, Leben wie Welt hätten perfekt, präziser: perfektibel zu sein. Für den Körper gibt es demnach natürliche und kulturelle Idealmaße, wobei »Natürlichkeit« hier nicht mit Naturbelassenheit zu verwechseln ist, sondern mit kunsthandwerklicher Formung durch Chirurgie und Doping. Von der vollkommen übertriebenen Betonung der Leistung in einem gesellschaftlich derart zur Relevanz gekommenen Bereich wie dem Sport lässt sich inzwischen schon fast ein Generalverdacht auf systematische Manipulation in allen Gesellschaftsbereichen ableiten. Ein Körper hat fit zu sein. Warum eigentlich? Warum »fit«, wenn für ein gutes Leben »gesund« hinlänglich reichen würde?

»Fitness« ist einer jener Ansprüche, die fraglos plausibel und allgemeinverbindlich richtig sind. Niemand würde infrage stellen, dass ein fitter Mensch sich besser unternehmen kann als ein eingeschränkt fitter. Je fitter der Mensch, desto höher ist der Wert seiner Aktien. Fitness ist zugleich Form, Code und Chiffre einsatzbereiter Flexibilität. Und Flexibilität heißt eigentlich Biegsamkeit: Wer sich am besten angepasst den Ansprüchen auf Perfektion unterwirft, wird den größten Erfolg haben. Soziale Anerkennung des Individuums bemisst sich an seiner Funktionstüchtigkeit. Ab wann Biegsamkeit zu Verbogenheit wird, ist subjektiv zu differenzieren und zu diskutieren einstweilen müßig.

Welch Ironie aber steckt in dem Wort »Fitness«! Legt man das darwinistische Dogma des *Survival of the fittest* in kultureller Perspektive zugrunde, wäre der perfekte Mensch der am besten angepasste. So protegiert die Freiheit, in und mit der wir leben (die wir selbst ja sind) denjenigen, der am angepasstesten ist, nicht aber am freiesten. Aber angepasst woran? An reale Gegebenheiten? An Mythen und Riten? An fraglos plausible Rationalitäten, die deswegen fraglos plausibel wirken, *weil* sie als fraglos plausibel gelten und also nicht mehr hinterfragt werden?

12.

Freiheit gerät nicht durch ihre Verhinderung in die Krise, sondern durch ihr unbewältigtes Übermaß.

Der deutsche Staatsbürger zum Beispiel steht alle paar Monate vor einer Galerie an eigenartigen Mitbürgern, die ihn prinzipiell gewinnend anlächeln. Diese Mitbürger gehören einer Partei an, sie gelten als Politiker, inkarnieren die Idee des Demokratischen und wollen als Repräsentanten gewählt werden.

Glücklicherweise hält das Regime der Freiheit den Zeitgenossen an, sich seine Repräsentation wählen zu können: für seine Kommune, sein Land, den Bund, für Europa und auch ein bisschen für die Welt.

Nach Lage der Dinge hat der Staatsbürger jene Mitbürger, die ihn repräsentieren wollen, bis auf sogenannte Spitzenpolitiker noch nie gesehen. Er weiß nicht, wie und worüber sie reden, ob und wie sie argumentieren, wofür sie stehen, wenn sie überhaupt für etwas außer sich selbst stehen. Gesichter von Menschen, die sich zur Wahl stellen, sind meist Masken eines Vakuums. Als zeitgenössische Bürger sind wir auf die Macht des Bildes gemünzt: Unsere Wahrnehmung ist, nach dem *iconic turn*, nicht mehr literarisch, sondern ikonografisch konditioniert. Ein Bild soll angeblich nicht nur mehr sagen als tausend Worte, es kann den, den es darstellt, auch ad hoc adeln oder vernichten, ohne dass klassische, altfränkisch angestaubte Kriterien wie Wahrhaftigkeit, Augenmaß, Verantwortungsbewusstsein bemüht werden müssten. Die kulturelle Diktatur des Bildes, die eine Diktatur der visuellen Wahrnehmung ist, hat kontinuierlich an der Abschaffung des Wortes gearbeitet, sodass immer weniger Menschen in der Lage sind, sich in komplexen Texturen zu versenken. Die Erziehung zur Eindimensionalität ist das Lebenswerk des totalitären Boulevards, auf den in Aphorismus 15 in gebotener Verachtung eingegangen wird.

Wir können an den Plakatgesichtern liberaler, christdemokratischer, sozialdemokratischer, grüner oder linker Menschen nicht nur die politische Ästhetik Deutschlands ablesen, diese Legierung aus emanzipierter Graumäusigkeit, Beamtenblässe und Freudenferne. Man könnte im Umkehrschluss auch fragen: Ist die Krise der politischen Repräsentation, die tragische Abwesenheit charismatischer Vitalität, nicht auch eine Krise der beiden Grundprinzipien parlamentarischer Demokratie – Diskussion und Öffentlichkeit?

13.

Aus der Degenerierung öffentlicher Diskussion folgt die Krise der Intellektualität.

Die Krise der Intellektualität ist vornehmlich eine Krise des Arguments. Das Argument ist heute unwillkommen, weil es auf- und innehält. Die Kunst des Argumentierens wird unter allen Talenten, die ein Politiker von heute besitzt, am geringsten geschätzt.

Wenn nach einleuchtender philosophischer Erkenntnis Sein Sprache ist und Sprache Denken, dann wäre die Krise des Arguments letztlich eine Krise des Denkens – der Fähigkeit zur Differenz, zur Unterscheidung statt Unterhaltung. Wer unterscheidet, trennt und selektiert *aus gewissen Gründen.* Kaum etwas vermag das spätmoderne Ich weniger, als im Tumult der Verführungen eine klar begründete, auf Wissen und Gewissen basierte Entscheidung zu treffen. Erstens könnte ja auch das Gegenteil richtig sein und der Unterscheider einen Fehler begehen. Zweitens wird eine klare, begründete Haltung selten wertgeschätzt, weil sie die fraglos plausiblen Rationalitäten des Gegebenen infrage stellen könnte. Drittens wirken Differenzierungen schlichtweg langweilig. Meinungen ersetzen Begründungen, Gefühlsbefindlichkeiten rationale Verantwortung. Dazu kommt, ganz praktisch, das Regiment der täglichen Angst. Wer mit ständigem Personalabbau bedroht wird, überlegt dreimal, ob er gegen die Rationalität argumentiert und vielleicht in Ungnade fällt. Beklagenswert ist, dass es anscheinend kaum noch Vorgesetzte gibt, die auf den konstruktiven Ein- und Widerspruch ihrer Mitarbeiter setzen. Die Angst der Vorgesetzten vor ihren Vorgesetzten, Schwäche zu zeigen, einen Fehler zu begehen, lässt niemals die Souveränität des Augenmaßes zu, die für die freie Entfaltung einer Kultur der kreativen Differenz notwendig wäre. Wagnis, Mut und Eigeninitiative sind auf dem Höhepunkt der Freiheit nicht vorgesehen. Deshalb womöglich herrscht über manche deutsche Büros ein unfassbares Demotivations-Regime.

Argumentieren kostet Zeit. Zeit ist ein knappes Gut. Wenn Zeit nach der Maßgabe, Zeit sei Geld, ökonomisiert wird, dann kostet Argumentieren Geld. Argumentieren heißt, sich in den Widerstreit begeben. Im Argument steckt der Streit mit sich. Argumentieren ist ein dialektischer Akt. Für dialektische Akte ist Differenzvermögen vonnöten. Um deutlich differenzieren zu können, muss man ableiten und zu einem Urteil kommen. Wer entscheidet, muss wissen und einordnen. Dazu bedarf es präziser Wahrnehmung, Analyse und Information. Aber wann ist eine Information eine Information und wann eine relevante dazu?

Auf die präzise Information kommt es ja kaum mehr an. Peu à peu lösen auf Schnelligkeit und Überschaubarkeit ausgerichtete Dienste wie Wikipedia und Google die sinnlich-leibhaftige, persönliche Beschaffung von Informationen am Ort des Geschehens ab. Obwohl Authentizität und Augenzeugenschaft in Zeiten von Blogs und Twitter hoch im Kurs stehen, werden Korrespondentennetzwerke – die zusätzlich zur authentischen Kurzmeldung auch noch die so oft vermisste Verlässlichkeit, den aufbereitenden Kontext liefern könnten – zunehmend vernachlässigt. Mehr und mehr Verlagshäuser bauen ihre Posten im Ausland ab, obwohl durch die globalisierende Vergrößerung der Welt die präzise Beobachtung und permanente Belichtung ihres Geschehens von größter Wichtigkeit ist. Durch den fehlenden Wettbewerb der Korrespondenten konkurrierender Zeitungen, die einander soziale Kontrolleure sind, sinkt der Zwang zur Präzision: Keiner muss fürchten, vom Konkurrenten sachlich widerlegt zu werden. Daraus folgt, dass entweder gar keine Informationen mehr aufbereitet werden oder nur noch durch einige wenige, die einen Pool an Abnehmern bedienen, wodurch die Qualität und Wahrhaftigkeit eingeschränkt ist. Qualität, definiert als Wahrhaftigkeit in der Zeit, ist teuer. Lässt sich Gewinn auch ohne Qualität herstellen, geschieht es.

Ständig werden die technischen Mittel zur Kommunikation verbessert und vereinfacht. Umso verwunderlicher ist der Umstand, dass in der Ära digitaler Verständigung via E-Mail, Mobilfunk, Skype und dergleichen der Einzelne zunehmend unverbunden scheint. Unverbundenheit ist eine Form der Unverbindlichkeit. Vielleicht wurde nie mehr geredet als heute und zugleich nie weniger aus-, sicher aber nie geringer angesprochen. Die Inhaltsleere dieser Endlosschleifen kursierender Zeichen, diese Verselbstständigung der Rede ohne Ansprache, hat Verständigungsmuster herangezüchtet, deren Wirkung im Nicht-Verstehen besteht. Wenn Sprache die Voraussetzung der aktiven Teilnahme an Staat und Gesellschaft ist, weil nur Sprache Verständigung mit Verstand ermöglicht, liegt mit der so generierten Sprachlosigkeit ein ethisches Problem vor und somit ein Problem für jede prozeduralistisch verstandene Demokratie, in der allen freien Bürgern zu gleichen Teilen private wie öffentliche Autonomie gewährleistet werden sollte. Womöglich auch deshalb ist heute gelegentlich vom Verfall der Demokratie, mindestens aber von ihrer Ermattung die Rede.

14.

Die Erziehung zur Schlichtheit durch einen aller Ansprüche beraubten Journalismus ist eine Gefahr für die Demokratie.

Freiheit ist bedroht, wenn die ökonomische Realität sich jener Instanzen bemächtigt, die für demokratische Mündigkeit und die Aufklärung des Individuums zuständig sind. Medien – ob Massenmedien oder Qualitätsmedien – sollen Diskussion und Öffentlichkeit organisieren und Welt so vermitteln, dass der Einzelne sich verlässlicher Informationen bedienen und ein eigenes Urteil über die Dinge fällen kann. *Die Medien* etablieren Diskurse und entscheiden, welche Diskurse die Chance haben, von ihnen etabliert zu werden. Indem sie sie wahrnehmbar machen, legen Medien fest, was die Probleme einer Gesellschaft sind und welche Haltung die Gesellschaft dazu haben soll.

Idealiter ist die Aufgabe von Journalismus, permanent und durch diese Permanenz verlässlich Transparenz her- und Handreichungen bereitzustellen, mit denen man das Irrelevante vom Relevanten scheiden kann. Er muss unbekannte Wirklichkeiten beschreiben, ohne sie vorab zu bewerten; er muss Realitäten aufsuchen, ohne am Anfang bereits ein Ergebnis zu haben, das er nur bestätigen will; er muss Tendenzen beobachten, Beobachtungen bündeln, Erregungen dämpfen, Beschreibungen sammeln, auch und obwohl es gerade keinen Krieg, keine Naturkatastrophe, keine Sensation, kein Spektakel gibt. Er muss im besten Sinne Aufklärung leisten, ohne einzugreifen.

Tut der Journalismus das? Hier und da sicher, aber en gros gesehen immer weniger. Je stärker Konzerne die Strukturen bestimmen, desto schneller neigen Medienunternehmen dazu, ihren Aufklärungs- und Transparenzanspruch zu ignorieren und auf populäre Thesen und populistische Themen, aufs Leichte, Seichte, Schlichtgewebte zu setzen, um über gestiegene Auflagen und Quoten die ausgegebenen Gewinnvorgaben erfüllen zu können. Diejenigen, die diese ökonomische Okkupation der Realität kritisch durchleuchten sollen, gehen selbst auf in der ökonomischen Rationalität.

Das Selbstverständnis des Journalismus besteht heute immer seltener in der simplen Recherche komplexer Zusammenhänge und ihrer nachvollziehbaren Anordnung, stattdessen immer öfter in der personalisierbaren Vereinfachung. Wie jede andere konzerngesteuerte Industrie, die auf Massenkonsum ausgerichtet ist, setzen Massenmedien zunehmend auf leicht abschöpfbare Eindimensionalität. Eindimensionale Botschaften erziehen zu eindimensionalem Denken. Inhalte sollen den Leser und Zuschauer nicht überfordern, ihre Erfassung keine Zeit kosten. Sie sollen in erster Linie entlasten und unterhalten. Aber warum? Warum entlasten und unterhalten – und das um fast jeden Preis?

Eindimensionalität macht müde, weil sie an uns vorbeigeht. Sie hat nichts mehr mit uns zu tun. Sie ist der Versuch, den mündigen Bürger zu entmündigen, indem ihm die Fähigkeit zu und das Interesse an Komplexität von vornherein abgesprochen wird.

Die Eindimensionalität der Sprache gewinnt irgendwann eine ebenso fraglos plausible Rationalität wie der Imperativ zur Optimierung. Sie suggeriert eine Eindimensionalität des Gedankens. Dann denken wir: Das *ist* die Sprache der Politik und ihrer Vermittlung. Es gibt anscheinend keine andere Sprache mehr. Wir hören sie und verstehen scheinbar. Aber wir begreifen nicht. Es kommt zu einer Abspaltung des Verstehens vom Verstand. Wer eine komplexe Textur erfassen soll, kann sie nicht mehr verstehen. Verstehen aber ist die grundlegende Voraussetzung für Verständigung, die ohne Mitwirkung des Verstandes zu einem Handel mit und Austausch von ideologiefähigen Schlagworten und Plattitüden wird.

Verhandlung, zumal argumentativ-zersetzende, differenziertausgreifende, ist kompliziert. Die Eindimensionalität medialer Weltvermittlung ist ein Zeichen anämischer Demokratie.

15.

Der totale Boulevard untergräbt die Kultur.

An dieser Stelle sind einige Betrachtungen über den akuten Verhängniszusammenhang zwischen Boulevard und Demokratieverfall unerlässlich. Dieser Zusammenhang ist tiefgreifender, als uns das in Glücksmomenten einer Kulturnation erscheinen mag, wenn etwa Heidi Klum »1968« erklärt. Der sich breit über den Gesellschaftskörper hinwälzende Boulevard ist ein institutionalisierter Angriff auf den inneren Kern des demokratischen Gemeinwesens, da er die beiden fundamentalen Prinzipien der parlamentarischen Demokratie, Diskussion und Öffentlichkeit, irreversibel zu verändern und das Ideal des mündigen Staatsbürgers dauerhaft zu entwerten imstande ist. Die Boulevardisierung des öffentlichen Lebens, so sublim oder subversiv sie sich gestalten mag, wird total.

Natürlich: den Boulevard als solchen gibt es nicht. Er ist kein Phänomen an und für sich. Weder ist er handelndes Subjekt noch Behauptung, noch ist er empirisch prüfbare Tatsache. Er ist nicht auf einen Nukleus, einen einzigen TV-Sender oder eine einzige Zeitung zu reduzieren. Vielmehr ist der Boulevard ein kompliziertes, selbstreferenzielles Geflecht aus vernetzten

Schaltkreisen, in denen kulturell-publizistische und ökonomische Macht ein symbiotisches Verhältnis eingehen.

Mindestens vier augenfällige Arten von Boulevard sind zu unterscheiden: der *»People«-Boulevard* der fließbandartig gestanzten »Stars« und »Promis« in »Bunte«, »Gala«, »Leute heute« und dergleichen; der *Boulevard des aggressiven Zynismus* von »Bild« und »BZ« und weiteren; der *Boulevard der Emotionalisierung des Alltäglichen* in parasitären Katastrophenpanoptiken wie »Hallo Deutschland« (ZDF), »Brisant« (ARD) oder RTL-»Explosiv«. Schließlich die boulevardeske Anverwandlung des Weichen, Leichten und Seichten in den sogenannten Qualitätsmedien, die sich schleichend vollzieht. Erster und letzter Grundsatz all dieser Formen ist das *fundamentum absolutum* des Entertainments: *Was unterhält, versteht sich von selbst.*

Was aber versteht sich heute noch von selbst?

Der Geist des Boulevards weidet die gesamte Bandbreite der menschlichen Komödie aus und zielt ohne nachvollziehbare Begründung auf Simplifizierung durch Auslassung. Nimmermüde ist er auf Suche nach der Ausbeutung von Gefühlen durch Bereitstellung von Emotionen. Weil nichts so sehr verfängt wie Schadenfreude, Gier und die Aufbietung von Tragödien zur wohltuenden Anwendung von Mitleid, ist der Boulevard primär, wenn nicht sogar ausschließlich am Niedergang, am Scheitern, an Katastrophen, Rücktritten, Schmerzen, Scheidungen, Betrügereien, Skandalen, Eklats, kurzum: an emotionalen Grenzsituationen und seelischen Abgründen interessiert. Seine Betroffenheit und Einfühlung ist von professioneller Kälte und strategischem Kalkül. Geschickt zapft er die niederen Instinkte seiner Passanten an und giert nach Leid, das er ausschlachten kann. Je mehr Leidgeneratoren er zum Laufen bringt, desto größer ist die Chance auf gleichzeitige Ausschüttung von Mitleid, desto höhere Einschaltquoten oder Auflagen können im Kampf mit der Konkurrenz verbucht werden. Desto bereitwilliger gerieren sich die Anzeigen- und Werbespotkunden und desto mehr Geld fließt für neue Formate der Entertainmentindustrie und natürlich in die Kassen der renditesensiblen Konzerne. Gute Zahlen in der »Grosso-West«-Spalte zum Einzelverkauf an westdeutschen Kiosken oder eine breite Prozentschnitte am Fernsehmarktkuchen des Tages erschlagen jeden ethischen oder ästhetischen Einwand. Die Quote hat immer recht. Ausschlachtung des individuellen Leids zugunsten kollektiver Erregung mag unter dem Aspekt einer nationalen Gefühlsgemeinschaft ehrenvoll sein; aufklärungsethisch gesehen, ist sie blanker Zynismus.

Als Instanz der simulierten Erlösungen hat der Boulevard eine säkulare Fortschreibung der Heilsgeschichte übernommen und leistet die Versöhnung der Widersprüche. Er empört sich über Nacktheit und hypersexualisiert sich am liebsten selbst. Er bietet Leid und Lust, Erlösung und Harmonie in einem und amalgamiert Unschuld und Schuld, um fraglos plausibel darüber zu richten, was *wirklich wahr* ist. Er stimuliert und kolonisiert die niederen Instinkte des Menschen, um die so entstehenden Ängste und Sehnsüchte postwendend befriedigen zu können. Er labt sich an Gewalt, Tod und Verbrechen und tröstet das in Aufruhr gebrachte Bewusstsein mit romantischen Idealen von Glück, Liebe, Schönheit und Reichtum; als moralische Instanz des kleinen Bürgertums sind seine Schaufenster farbenfroh illuminierte Verhandlungszimmer öffentlich geschlossener und geschiedener Ehen sogenannter Prominenter, die er selbst zu Prominenten promeniert.

Kritik verleibt sich der Boulevard gekonnt ein, ohne selbstkritisch sein zu müssen, weil er keine intrinsischen, aus sich selbst entstehenden Werte vertritt, die infrage gestellt werden könnten. Durch seine fehlende Normativität kann der Boulevard sich Ignoranz und Zynismus leisten, ohne sie als solche anerkennen zu müssen. Die Beweislast hat stets der Gegner.

Wenn nach Ludwig Wittgenstein Welt all das ist, was der Fall ist, so ist Welt heute das, was massenmedial vermittelt wird. Das ist ein Problem. Ziel der massenmedialen Vermittlung von Welt ist ja nicht das Verstehen der vermittelten Welt, sondern ihr Nichtverstehen. Adressat der massenmedialen Vermittlung ist nicht der aufgeklärte Staatsbürger, sondern das in seinem möglichen Aufklärungswunsch gezähmte Massenpublikum als Entertainment-Konsument. Der Boulevard zielt auf dreierlei: Geld, Langeweile und die Erschütterbarkeit des sozialen Friedens, vornehmlich durch Stimulation von Angst, Schadenfreude und Neid. Nichts ist für den Boulevard schlimmer als Erkenntnisinteresse und Differenz, weil dies den totalitären Anspruch auf homogene Ganzheit ausbeutbarer Emotion verletzt; nichts fürchtet der Boulevard mehr als Distanz und kühle Rationalität. Er braucht und befördert die Reibungswärme der Erregung, die im besten Fall zur Glut eines Skandals wird, um Menschen in mehreren Lieferungen für seine Zwecke zu verheizen. Gezielt setzt er auf Kurzfristigkeit durch die Suspension aller Zusammenhänge. Kaum etwas kommt ihm dabei so entgegen wie die nicht zu bewältigende Flut der Reize in rasanter Beschleunigung, die oft die kollektive Amnesie zur Folge hat. Für die Organisatoren des Circus Maximus trifft es sich bestens, dass die spätmoderne Arbeitsgesellschaft in permanenter Zeitnot ist.

Der nicht nur totalitäre, sondern auch totale Boulevard markiert die immer machtvoller werdende Schaltstelle des Irrelevanten, welches dann Relevanz erhält, wenn er, der Boulevard selbst, die verständigungslose Vermittlung von Welt vornimmt.

Der Entzug des Anspruchs durch die Verführung des Trivialen ist bereits Allgemeingut geworden. Der Seichtigkeitsdruck wächst, und die Hochkultur reagiert: Lange Texte werden kurz, unbequeme Sendungen gestutzt, Bilder vergrößert, Komplexität auf Linearität reduziert; Zusammenhänge werden ignoriert, Diskurse im Keim erstickt, Kulturradios durchhörbar gemacht. Verlage drucken Fernsehmoderatorenprosa und Komödiantenelaborate, die selbstredend zu Bestsellern werden; öffentlich-rechtliche Fernsehanstalten zelebrieren »Star-Quiz« und »Star-Biathlon«, das Dreigestirn Kochen Köche Küche und bieten allwöchentlich 30 TV-Kommissare mit der rein routinehaften Frage auf: »Wo waren Sie gestern Abend?«.

Der Boulevard hat es geschafft: Er hat sich in die Köpfe der Bürger geschlichen und das Bewusstsein besetzt. Man entkommt ihm nicht mehr. Er ist der Sieger der Geschichte. Mittlerweile sind alle gesellschaftlichen Subsysteme erfasst von der Herrschaft des Entertainments und seinen vier dramaturgischen Dimensionen: Darstellung, Inszenierung, Performance und Sichtbarkeit. Am gefährlichsten geschieht dies in der Sphäre des Politischen durch die symbiotische Verflechtung von Politik und Unterhaltungskultur zum Politainment: der Theatralisierung des Politischen.

Das Politische verliert dabei den Kern des Wahrhaften und wird zum Inszenierungsstoff des Boulevards. Auf die atemlose Adelung der Nebensächlichkeit, der moralisch zugerüsteten Banalität, folgt das Verschwinden der Kriterien: durch die Auflösung der Grenze zwischen Öffentlichkeit und Privatheit und die Promotion von Kitsch, Klischee und Superlativismus. Die Beiläufigkeit des Scheinbaren setzt Erfolgsmargen fest. Zum Niedergang einer Kultur der Aufklärung konnte es deswegen kommen, weil der Gesellschaft das Bewusstsein für Qualität und

Relevanz weitgehend ausgeredet wurde; weil es kein ausreichend bildungsbürgerliches Korrektiv mehr gibt; weil die öffentliche Kultur sich den boulevardesken Harlekinsgeist zu eigen macht, und weil diese Boulevardisierung in allgemeiner Entintellektualisierung gipfelt.

Eine Gesellschaft kann sich den Boulevard aber in dem Augenblick nicht mehr leisten, da er zur Hauptsache wird. Wenn der Geist auf den Boulevard kommt wie die Sprache auf den Hund, ist der Boulevard unversehens öffentlicher Geist. Die permanente Unterforderung des Bürgers durch Unterhaltung kommt seiner Entmündigung gleich. Entmündigte Menschen sind gleichgültig. Gleichgültige Bürger sind manipulierbar. Manipulierbare Bürger sind, wie bekannt, gefährlich.

Zu schließen ist diese kleine unzeitgemäße Betrachtung über Banalität, Blödheit und Brutalität des Boulevards mit einem versöhnlichen Aperçu des unübertreffbaren Protagonisten eines zeitgemäßen Stoizismus, der in einer hanseatisch-frivolen, klandestin-verraunten Mystik kürzlich eine formidable Weisheit kundtat. Also sprach Karl Lagerfeld: »Der Sinn des Lebens ist – Leben.«

16.

Die Massendemokratien der kommenden Epoche brauchen neue soziale Identitäten.

Wenn stimmt, was der englische Politikwissenschaftler Colin Crouch diagnostiziert, ist die Blütezeit der Demokratie zu Ende. Crouch, der für die Degenerationen des Demokratischen den Begriff »Postdemokratie« gefunden hat, prophezeit uns nichts weniger als einen Rückfall in vordemokratische Zeiten. »Der

Wohlfahrtsstaat«, schreibt er in kulturkritischem Pessimismus, »wird bis auf ein Minimum abgebaut, es geht nur noch um Hilfe für die Armen und nicht länger darum, staatsbürgerliche Teilhaberechte für alle sicherzustellen; die Gewerkschaften sind marginalisiert; das Wohlstandsgefälle zwischen Arm und Reich wächst; das Steuersystem ist nicht länger auf Umverteilung ausgerichtet; Politiker kümmern sich vor allem um die Belange einer Handvoll Wirtschaftsführer, deren spezielle Interessen dann höflich in die Sprache der Leitlinien öffentlicher Politik übersetzt werden; die Armen verlieren zunehmend jegliches Interesse an allem, was um sie herum geschieht, und gehen nicht einmal mehr zur Wahl, wodurch sie freiwillig wieder jene Position einnehmen, die sie in prädemokratischen Zeiten gezwungenermaßen innehatten.« Und weiter: Aufstieg und Macht der Wirtschaftseliten schwächten die kreative Dynamik des Systems, weil die ökonomische Macht, die sie ohnehin bereits ausüben, in politische Macht übersetzt werde, eine Macht, mit der sie Zugriff auf weitere soziale Bereiche bekämen. Vom Ideal der politischen Selbstständigkeit jedes Bürgers immer weiter entfernt, schlägt Crouch die Revitalisierung der Demokratie durch Bildung neuer kollektiver Identitäten vor.

Welche Art von Demokratie werden wir in der nächsten Gesellschaft haben? Die Frage mag verstörend sein, scheint ihre Antwort doch klar: keine andere als heute. Genau genommen aber ist das unmöglich, weil die Koordinaten ihrer Verortung sich irreversibel verändert haben. Die Politikforschung sagt voraus, dass sich die politische Orientierung nicht mehr an traditionellen Milieus, sondern an Querschnittsthemen ausrichten wird. Der wachsende Anteil der Nichtwähler oder Wahlverweigerer verweist auf einen neuen Begriff des Politischen: Es bezieht sich nur mehr auf Einzelprojekte. Programme spielen mittelfristig keine Rolle mehr, Parteitagsbeschlüsse sind Relikte überkommener Treueschwüre, Milieuloyalitäten gibt es ohnehin kaum noch. In die Zukunft gedacht, könnte das bedeuten, dass die klassische Parteiendemokratie an ihr Ende gerät. Es wird dann keine Koalitionen im herkömmlichen Sinn mehr geben, sondern Koexistenzen diverser »Holdings«: von einem CEO geführte politische Unternehmen, deren einzelne Abteilungen unterschiedlichste Wählergruppen aufspüren, sie für Projekte wie *Familie*, *Entwicklungshilfe* oder *Klimaschutz* rekrutieren und zu einer Mehrheit zusammensetzen. Der einzelne Wähler entscheidet künftig nutzen- und nicht mehr bindungsorientiert, und wer sich politisch engagiert, vor allem wenn er jung ist, ist selten bereit, sich über den begrenzten Zeitraum eines klar definierten Projektes hinaus weiter einzusetzen. Kehrseite dieser Entwicklung ist die Unberechenbarkeit und in ihrem Zuge Stimmungsflüchtigkeit des Wählers: Mehrheiten können nicht mehr verlässlich vorausgesagt und berechnet werden.

So werden Parteien und Gruppen extrem anfällig für kurzfristige Stimmungen und stimulieren derartige Stimmungen durch einen hohen Aufwand an PR-Strategien und Werbung, indem ihre Vorsänger dem größten Teil der Bevölkerung nach dem Maul reden. Da, wie geschildert, die öffentliche Sphäre weitgehend vom totalen Boulevard okkupiert ist, dessen intellektuelle Entkernung der Gesellschaft und Entmündigung des Bürgers tragische Züge angenommen hat, wird politische Kommunikation mehr denn je das Geschäft von professionellen PR-Experten und Strategen des Politainments werden. Ihre Aufgabe besteht darin, den heroischen Ernst zu entheroisieren. Politik wird als Ware zum Gegenstand der Entertainmentindustrie degradiert, um durch Omnipräsenz der Führenden die öffentliche

Debatte zu bestimmen, und dadurch zum Kampfgebiet der Lobbyarbeiter und Interessenvertreter zu werden. So wird das Politische ein Jahrmarkt – und ebendas: ein Markt. Der Markt belohnt, was die Mehrheit will. Die Mehrheit aber ist apathisch und will offensichtlich nichts. Die *volonté générale*, der allgemeine Wille, ist eine statistisch konstruierte Fiktion. Es ist die prinzipielle Stärke und strukturelle Schwäche des demokratischen Systems, dass es für sein großes Freiheitsversprechen Partizipation verlangt und Apathie erntet.

Katalysator und Profiteur dieser Entwicklung wäre, als Legitimationsbasis politischer Führung, die Demoskopie. Meinungsumfragen sind Parameter, auf die sich bestens passiv reagieren lässt. Keiner muss sich die Mühe machen, den beschwerlichen Weg der Sammlung von Fakten und deren Aggregierung zu Wissen zu gehen. Niemand muss vergleichen, abwägen, mitbedenken und schließlich zu einem Urteil kommen. Weil der im Siegerkultus erzogene Mensch naturgemäß auf der Gewinnerseite stehen will, lässt er sich kaum nicht von Umfragen beeinflussen. Wird der Niedergang des eigenen Kandidaten festgestellt, dreht sich erst die Spirale seines virtuellen, dann die des realen Abstiegs immer schneller. Das Primat der Demoskopie verlangt Anschmiegeleistungen des Politikers nicht an das Volk, sondern an die Agenda-Setter im Mediensystem.

Oder aber, das ist die andere Möglichkeit, die Inszenierung spielt künftig gar keine Rolle mehr, weil sich durch keinerlei Bindungen organisierte Wähler nicht mehr auf einen Kandidaten einschwören lassen, womit jeder PR-Aufwand für diesen Kandidaten müßig und also obsolet würde.

In jedem Fall findet das Politische immer stärker unter Zeitnot und Tempo statt. Die Fähigkeit zur Beschleunigung wird zu einem politisch relevanten Faktor: durch Internet-Plattformen und die Sphäre autarker Weblogs lassen sich weite und breite Teile der Bevölkerung, vor allem *die Jugend*, direkt ansprechen und also sensibilisieren – mit dem Versprechen, auf kürzestem Wege große Mehrheiten zu erreichen und womöglich zu einen. Es liegt nahe, dass dabei das Unpopuläre, Schwierige, Langweilige, Erregungslose, Nachsinnende, Langfristige, kurz: das mühsame Geschäft der Substanz auf der Strecke bleibt.

Die Gefahr, die der Demokratie letztlich droht, ist ihre Manipulierbarkeit durch sich selbst. Anti- und a-demokratische Bewegungen und Strömungen, diese stillen Herrscher der untergründigen Verachtung des liberalen Freiheitsversprechens, gibt es zuhauf. Sie werden dann gefährlich, wenn sie beginnen, soziale Identitäten zu entwickeln und ihre Interessen zu artikulieren. Weil die deutsche Demokratie sich in den vergangenen Jahren zum Schematismus eingespielter Reflexe ritualisiert hat, verfolgt sie zwar die legale Verfahrensform des Demokratischen, weil etwa Wahl-, Presse- und Versammlungsfreiheit ohne Einschränkung für jeden gelten. Was aber fehlt, ist ihre *intrinsische Legitimation*. Woran liegt es sonst, dass sich eine große Zahl von Menschen nicht lebhaft an ernsthaften politischen Debatten und an der Gestaltung der politischen Agenda beteiligt? Und die anschließende Frage wäre durchaus: Welche Art von Demokratie *soll* es sein?

Wer wählt, muss wissen, *was* er wählt, das heißt, er muss sich selbst vor die Entscheidung stellen, aus dem Angebotsreservoir das für ihn Richtige auszulösen. Wählen geht nicht ohne Wissen, soll Wählen als Verfahren nicht eine leere Form bleiben. Der zeitgenössische Mensch weiß, dass seine historische Freiheit darin besteht, wählen zu können. Vielleicht weiß er es auch nicht. Der Status der Bildung definiert sich darüber, inwieweit er sich über die lange Geschichte seiner Wahlfreiheit im Bilde ist.

17.

Gemeinschaft setzt Gemeinsinn voraus.

Aus der Sicht eines Vertreters der nächsten Generation, die sich anschickt, die Republik intellektuell und politisch in Griff und Begriff zu nehmen, ist in naher Zukunft kein Thema größer und wichtiger als die neue Verhältnisbestimmung zwischen Individuum und Gemeinschaft – eine Verhältnisbestimmung zwischen *Ich* und *res publica*, zwischen dem Einzelnen und der Masse der Einzelnen, zwischen subjektiver und kollektiver Identität, Individualwohl und Gemeinwohl. So mag das freilich immer schon gewesen sein, wenn Menschen eine Gesellschaft bilden, und seit Aristoteles hat jede Epoche auf diese Herausforderung ihre eigene Antwort finden müssen, unter den je neu arrangierten Koordinaten einer gewandelten Wirklichkeit. Das Verhältnis von Individuum und Gemeinschaft ist das Leitthema aller bedeutenden politischen Philosophien und Reflexionen über das gelingende Leben. Womöglich markiert die an den Geist der Zeit gebundene kulturelle Übereinkunft über dieses Verhältnis auch jeweils die Grenzen einer Epoche.

Gemeinschaft und Gesellschaft sind zwei wesentlich voneinander zu unterscheidende Größen. Wenn Gesellschaft definiert ist als Geflecht aller sozialen Beziehungen unter voneinander getrennten Menschen innerhalb einer territorialen Einheit, so ist das nicht notwendig die Definition von Gemeinschaft. Gemeinschaft setzt emotionale Bindekräfte einander verbundener Menschen voraus, basiert also eher auf dem *Gefühl einer gegenseitigen Bejahung* als auf dem expliziten Zusammenschluss Einzelner.

18.

Das Individuum von heute hat den Bezug zum Allgemeinen verloren.

Wenn das Allgemeine darin besteht zu teilen, dann ist das Allgemeine der größtmögliche Gegensatz zum Individuum. Ein Individuum ist etwas Unteilbares. Aber was ist dann das Allgemeine? Das, was von allen Individuen geteilt wird: der öffentliche Raum, das Wohl der Gemeinschaft, die Erzählung der eigenen Herkunft, die eine Erzählung der Geschichte der Bevölkerung ist, in deren Schoß man geworfen ist, und hoffentlich das deutsche Grundgesetz, auf dessen Basis der Einzelne lebt. Über die Teilhabe am Ideen- und Symbolvorrat wird das Individuum zum Teilnehmer am Allgemeinen. Es lässt sich nicht vermeiden, dass jeder am Allgemeinen teilnimmt, weil jeder immer schon in Kultur ist, da Kultur symbolische Räume der Allgemeinheit bereitstellt.

Mehr noch: Jedes Individuum ist immer schon in Gesellschaft, wie jedes Ich immer schon zwischenmenschlich ist. Eine der großen Leistungen französischer und deutscher Philosophie im 20. Jahrhundert besteht darin, das Individuum als dialogisch begriffen zu haben: immer schon auf den Anderen bezogen, um selbst sein zu können. Die eigene Identität, befindet auch der kanadische Philosoph Charles Taylor, sei entscheidend abhängig von den dialogischen Beziehungen zu anderen.

Der zeitgenössische Mensch aber hat nach Lage der Dinge all jene Fragen ausgeklammert, die auf religiösem, politischem oder historischem Gebiet über das Ich hinausgehen. Man könnte es so sagen: Das Individuum von heute ist geschichtsvergessen und augenblicksgebannt. Es stellt sich nicht mehr in den Rahmen einer Tradition. Es eignet sich Tradiertes nicht mehr an. Um seinem Ideal höchstmöglicher Authentizität nachzukommen, muss es aber ein geistiges und also geschichtliches Individuum sein; um sich als geschichtlich zu verstehen, muss es der Erzählung seiner eigenen Geschichte durch jene Narrative, die eine Gemeinschaft zu einer Gemeinschaft machen, ablehnen oder zustimmen können. Dafür müsste es sowohl die Erzählungen kennen als auch deren Entstehungsbedingungen.

Das Allgemeine ist etwas, das über das Individuelle hinausgeht, also ist es in gewisser Weise das Öffentliche. Öffentlichkeit fällt in den Zuständigkeitsbereich von Vermittlern. Journalisten gehören dazu, Politiker. Sie stellen Öffentlichkeit her, im besten Fall durch Diskussion. *Diskussion* und *Öffentlichkeit* sind, historisch gesehen, die beiden Grundprinzipien der parlamentarischen Demokratie. Vielleicht hat man heute verdrängt, dass sie, als konstitutive Merkmale einer demokratischen Kultur, ihren Ursprung in der Annahme eines »aufgeklärten Publikums« besitzen – wobei Öffentlichkeit der Meinung, demokratietheoretisch betrachtet, weit wichtiger ist als öffentliche Meinung. Öffentlichkeit durch Diskussion ist das geistige Fundament jeder Demokratie, die republikanische Ansprüche hat: Die *res publicae*, die Dinge, die uns alle angehen, sind öffentliche Dinge des öffentlichen Geistes.

Das Verhältnis zwischen Individuum und Gemeinschaft ist letztlich eines zwischen Intimität und Öffentlichkeit.

19.

Der zeitgenössische Mensch ist so gut wie allen Kontexten enthoben.

Selbst die eigene Biografie ist kein Kontext mehr, der für den Einzelnen berechenbar wäre. Nach bestandenem Abitur käme sogleich das Studium, nach bestandenem Examen sogleich der Berufseinstieg mit Aufstiegsoptionen. Doch Beschäftigungskontexte haben sich grundlegend gewandelt. Geblieben ist die Anstrengung, sich lebenslang um Anpassung an diese Kontexte zu bemühen. Niemand anders als das Individuum selbst wird für Scheitern oder Erfolg verantwortlich gemacht. Womöglich wird der Mensch von morgen im Laufe seiner Biografie fünf, sieben, zehn, hundert Arbeitsverhältnisse haben, manchmal mehrere gleichzeitig in völlig disparaten Branchen. Gehört er zu den wenigen zukunftssicheren, den Maschinenbauern, Softwareentwicklern oder Wasseraufbereitungsingenieuren, wird er den Luxus haben, vielfach umworben zu sein, wodurch sein Preis steigt und somit sein Wert. Die Systeme westlicher Gesellschaften, ob sie noch industriell, bereits postindustriell oder in einer Mischform verfasst sind, sind immer noch Gesellschaften, die auf die Transformation der Materie ausgerichtet sind – auf eine Kreativität, die eine Technologie der Umsetzung voraussetzt.

Die Zugehörigkeitsmerkmale früherer Generationen und Epochen haben für den zeitgenössischen Menschen keine Gültigkeit mehr. Je weniger er vergemeinschaftet ist, desto größer ist seine scheinbare Freiheit. Oder andersherum: Je selbstbestimmter er ist, desto entkontextualisierter ist er. Er sieht es als Ausweis seiner unerschütterlichen Stärke und Selbstbehauptung an, nirgends dazugehören zu wollen. Aus der Kirche tritt er aus, den Sportverein meidet er, lieber geht er ins Studio, wo er sein eigenes, auf ihn zugeschnittenes Programm und, gehört er der Oberschicht an, einen *personal trainer* hat. Parteien interessieren ihn nicht, Familien sind entweder Belastung oder nicht vorhanden. Der einzige Kontext des Zeitgenossen ist er selbst. Entweder ist er Single oder Single in einer Beziehung. Er führt sich durch und legt sich aus. Im Massentheater des gesellschaftlichen Lebens von heute ist jedes *Ich* sein alleiniger Bezugspunkt. In der Wahrnehmung der eigenen Sichtbarkeit ragt es über all das hinaus, was man in einem ähnlich großen Wort »Welt« nennt. Sein Wohl ist ihm das Vordringlichste, weil die Quelle seines Wohls nicht außer ihm ist, sondern er *selbst* diese Quelle selbst ist. Der Druck, sich selbst zu genügen, ist immens. Der Mensch ist sein eigener Wertmaßstab und seine eigene Jury. Er ist es, der beurteilt, ob er sich selbst genügt. Aber nach welchen Kriterien beurteilt er sich? Mehr als die Ansprüche hat er nicht zur Verfügung. Die Kraft, die eigene Unzulänglichkeit dauerhaft auszuhalten, schwindet, je getriebener der Mensch ist. Wird er sich selbst nicht gerecht, überfordert ihn sein *Ich*. Dann lagert er die Schuld gern aus – an das System, die Umstände, die Politik, das Leben. Selbstverantwortlich ist er nur, solange es um das Wohl seiner selbst geht.

Das zwangsflexible Individuum agiert in scheinbarer Freiheit, unterliegt dabei aber stets dem Einfluss höchst gegensätzlicher Maximalansprüche: Anerkennung und zugleich Konfrontation, Authentizität und zugleich Diplomatie, Ehrlichkeit und zugleich Taktik. Der Einzelne soll selbstmächtig sein und ist zugleich Opfer des Schicksals. Er soll kontrolliert und rational sein, zugleich aber charismatisch und enthusiasmiert. Er muss permanent seine Exzellenz nachweisen und wird unablässig beobachtet und bewertet. Er ist stets auf sich allein gestellt, muss ständig wählen und unentwegt entscheiden. Er weiß, dass er, um vor den anderen Ichs zu gelten, als funktionstüchtig wahrgenommen werden muss. Um als funktionstüchtig wahrgenommen zu werden, muss er ständig seine Funktionstüchtigkeit sichtbar machen. Um stets sichtbar zu sein, muss er sich selbst repräsentieren. In der Repräsentation seiner selbst muss jedes Ich sich ständig aufs Neue bewähren.

Die Ausdifferenzierung ist größer, die Kommunikation komplexer, die Zeit knapper geworden, die Angst vor dem Versagen erheblich, der Effizienzanspruch an den Einzelnen absurd, der Exzellenzdruck auf Leistungsträger immens. Der Einzelne ist ständig damit beschäftigt, sich selbst zu verbessern, um den Anforderungen an sich gerecht zu werden, ohne entscheiden zu können, ob die Verbesserung ihm entspricht, ob sie wirklich etwas verbessert oder was überhaupt verbessert werden soll.

Wie im Slogan der Audi-Werbung – *Mit Effizienz zum Erfolg* – insinuiert, soll er sich möglichst passgenau auf das Ideal einer zeitgemäßen Persönlichkeit ausrichten: dynamisch, optimistisch, effizient, zuversichtlich, souverän, robust, erfolgsorientiert, stets Herrin oder Herr der Lage. Abgesehen von der Frage, warum der zeitgenössische Mensch stets Herr der Lage sein muss, dynamisch, optimistisch und souverän, ist es unerhört schwierig geworden, die sich ausschließenden Ansprüche miteinander zu vereinbaren. Die Resultate eines beinahe kollektiven Versagens sind zuhauf Paralysierte, Erschöpfte, Ausgeschlossene, Verlierer, Verletzte, Wütende, Gekränkte, Melancholische, Traurige. Die entstehende Überforderung des Individuums, das zwischen Ich und sich nicht mehr zu unterscheiden vermag, endet schließlich in innerer Zerrissenheit. In dem Moment, da das freie Ich zur permanenten Selbstoptimierung gedrängt ist, wird es unfrei.

20.

Der Zwang zur Optimierung macht alle Menschen gleich, obwohl die Menschen alles andere als gleich sind.

Eine fraglos plausible Rationalität der Optimierungslogik ist beispielsweise der gesetzte Anspruch, dass jedes Kind auf das Gymnasium zu gehen und danach zu studieren hat. Nun ist es kein Geheimnis, dass die Menschen nicht gleich sind und auch nicht alle die gleichen Begabungen mitbringen. Ebensowenig ist bewiesen, dass das Volk heute schlauer als vor Jahrzehnten ist, höchstens ist anzunehmen, dass sich heute fast jeder zutraut, an Quiz-Shows teilzunehmen und aus einer Antwort von vier vorgegebenen die ungefähr richtigste zu »wissen«, ohne dass es eine genetische Modifikation im Erbgut der Menschheit gegeben hätte, der zufolge Kinder heute auf einmal geistig flexibler und präziser und also intelligenter als früher seien. Kommt ein Kind nicht auf das Gymnasium, scheint es geradezu verloren, weil von jedem zeitgenössischen Menschen verlangt wird, das Höchste und Beste aus sich zu machen, und dieses Höchste und Beste ebendarin erkannt wird, dass der Einzelne auf das Gymnasium und dann ins Studium zu gehen hat. Der Mensch wird nicht als Mensch betrachtet, der vielleicht handwerkliche oder musische oder spirituelle Fähigkeiten besitzt, sondern als Verfügungsmasse. Dies führt dazu, dass Lehrer überfordert sind, weil überforderte Schüler ihre Überforderung durch Ignoranz kompensieren, wodurch das allgemeine Niveau sinkt. Die Hörsäle der Universitäten sind unter anderem mit Menschen vollgestopft, die studieren, weil Studieren eine fraglos plausible Rationalität ist, wodurch die Belastung des Lehrpersonals steigt, das in der Verwaltung der Masse erstickt. Ohne Studium, glaubt man, sei kein vernünftiges Leben möglich, der Erwerb eines Arbeitsplatzes direkt an das Examen gekoppelt. Was aber geschieht mit denen, die den Ansprüchen nicht gerecht werden? Sollen Universitäten künftig Volkshochschulen sein, eine Verlängerung von Grundschulunterricht?

Nicht nahtlos, aber sinnvoll knüpft an dieser Stelle eine weitere fraglos plausible Rationalität an, die einen Beitrag zur Definition dessen liefern könnte, was im idiosynkratischen Sinne *deutsch* ist, sollte jemand danach suchen wollen: die Desavouierung der Eliten, im besten Fall eine Skepsis gegenüber Eliten. Man braucht nicht allzu lange zu suchen und hat einen geschichtspsychologisch vertretbaren Grund dafür zur Hand: die Reaktion auf den Nationalsozialismus und dessen ökonomische, wissenschaftliche und politische Eliten, die zum bekannten Ruin geführt haben; und sodann der Aufstand der 68er gegen die Reste dieser in den Totalitarismus verstrickten Funktionseliten.

Da eine der fraglos plausiblen Realitäten des bundesdeutschen Selbstverständnisses in der auferlegten Bescheidenheit sowie in der mit hohem Aufwand betriebenen Verweigerung einer Nähe zu all dem besteht, was derart viel Leid, Tod und Entbehrung über die Menschheit gebracht hat, wird Gerechtigkeit derart penibel durchbuchstabiert, dass es kaum noch Rechtfertigungen für Eliten gibt. Gerechtigkeit wird in Deutschland vornehmlich als Gleichheit verstanden. In gewisser Weise sind Eliten also immer ungerecht: Sie gehen auf Kosten einer für jeden erreichbaren Gleichheit. Dies bezieht sich ausdrücklich nicht auf »falsche« Eliten, die aus burschenschaftlich-paternalistischem Protektionsgehabe Gleichgesinnte, meist Zöglinge der eigenen Klasse und Schicht, nachziehen und aufwerten.

Aber es kann kein Zweifel bestehen, dass sich neue Eliten ausbilden müssen. Ohne Eliten stockt ein Gemeinwesen. Es müssen Eliten sein, die sich ganz neuen Fragen zuwenden. Die Republik braucht für ihre *res publica* elitäre Zirkel und Zirkel des Elitären, in denen freisinnig gedacht und formuliert werden kann. Öffentliche Denkarbeit wird so gut wie nicht mehr geleistet, abgesehen von wenigen, von der sedierten Öffentlichkeit kaum wahrgenommenen Institutionen, wie etwa den evangelischen und katholischen Akademien oder interdisziplinärer Gesprächskreise, die vornehmlich akademisches Gepräge haben. Und wir dürfen bitte schön die Rolle, den geistigen Zustand und die intellektuelle Wirkungskraft von Trainern, Schauspielern, Musikproduzenten und Moderatoren nicht länger überbewerten.

Hat die kulturelle Epoche der Optimierung Denker und Räsonnierer hervorgebracht oder vielleicht einen guten Dramatiker? Selbst wenn man eine Kontinuität des Schwachsinns über die Jahrhunderte in Rücksicht stellt, steht man doch recht fassungslos vor der intellektuellen Dürftigkeit der Gegenwart. Es wird Eliten geben müssen, die als Denkfabriken der geistig ausblutenden Politik Stichworte und Handreichungen zu einem neuen Humanismus liefern; die es sich nicht nehmen lassen, die unbequeme Reflexion gegen jede Form der intellektuellen Ausblutung zu richten, unter der die politische Klasse nach Lage der Dinge leidet. Auf den ersten Blick besteht dieselbe aus nicht mehr als einem Haufen meist unbegabter Rhetoriker, deren so durchschaubares wie langweilendes Kunsthandwerk darin besteht, dem politischen Gegner Versagen und Schuld zuzuweisen und das eigene Versagen als Sieg zu drapieren. Es ist bewundernswert, wie beflissen Parteipolitiker (vornehmlich in den Rittern der traurigen Gestalt, den »Generalsekretären«) den Verdacht auf Lächerlichkeit ihrer Sandkastenfehden zu widerlegen versuchen. Im normalen Leben versähe man dies mit dem

Stigma »Realitätsverlust«; sozialpsychologisch betrachtet, ist es die merkwürdige Variation einer kognitiven Dissonanz. Die wahre Opposition ist mittlerweile das politische Kabarett.

21.

Das historische Privileg des heutigen Menschen besteht in seiner Entideologisiertheit.

Er glaubt an keine höhere Richtigkeit und keine absolute Wahrheit mehr. Er glaubt an den Gang der Dinge, und wenn es gut läuft, glaubt er an den guten Gang der Dinge. Diese Ernüchterung lässt sich mit dem Wörtchen pragmatisch am besten beschreiben. Ideologien sind eng verschnürte Geistgefängnisse, die, wie Logen oder Sekten, nur ihrer eigenen Logik gehorchen. Sie sind homogene Weltanschauungsderivate, die sich durch ihre Geschlossenheit definieren. Im Gegensatz zu den bis in die 1980er-Jahre hinein wirkenden Ideologen herrscht heute die Einsicht, dass man Geschichte nicht mehr in »richtig« und »falsch« unterscheiden, unterteilen, werten kann. Nachdenken jenseits der Ideologie ist sehr viel komplizierter und schwieriger, was es im besten Fall manchmal langweiliger, weil langwieriger macht. Im schlechtesten Fall ist es derart herrschaftsfrei, dass alle Werte zugleich gelten und niemand entscheiden kann, wann eine Norm »wahr« oder »falsch« ist.

Utopien sind immer auch eine hochreligiöse Angelegenheit – ein Glaube, eine Hoffnung auf ein Jenseits der diesseitigen Verhältnisse, eine Grenzüberschreitung. Sie handeln vom Glauben an ein kommendes Paradies (ob auf Erden oder im Himmel), weswegen man die bestehende Welt als »falsch« ablehnen und bekämpfen darf – ob »Gott« darin waltet oder der

»Weltgeist« lenkt, einerlei. Als Paradiesformulierung setzt jede Utopie voraus zu wissen, was die »bessere« Welt für die Masse ist. Wenn die aber nur nach Mallorca fahren und sonst Fußball schauen will?

Glücklicherweise ist der zeitgenössische Mensch aus allen Ideologien entlassen, die ihm vorschreiben, was das beste Leben für ihn sei. Dass es keinerlei Ideologien mehr für ihn geben soll, gerät aber wiederum unter Ideologieverdacht – wie auch das unbedingte Bestehen auf totaler Freiheit einen Totalitätsanspruch in sich birgt, der letztlich nicht wirklich der Freiheit Rechnung trägt.

22.

Freiheit muss die unhintergehbare Grundlage jeder liberalen Gesellschaft bleiben.

Sie gestattet jedem Einzelnen, *prinzipiell* frei zu sein, weil sich diese Gesellschaft, in die er eingebettet ist, an den Bedürfnissen *seiner* Individualität ausrichtet. Kollektive Bedürfnisse sind aggregierte Individualbedürfnisse. Diese Freiheit des Individuums ist eine positive Freiheit: Frei ist der, der zwischen möglichst vielen realisierbaren Optionen für den eigenen Lebensweg wählen kann. Man kann zwar, wie das Christentum und die Kirchen es tun, Freiheit als Gnade oder Geschenk Gottes betrachten. Wer diese Sicht nicht teilen will, muss Freiheit philosophisch und sozial begründen. Freiheit ist sich selbst die größte Bedrohung, weil sie per definitionem grenzenlos ist. Wird Freiheit eingeschränkt, ist es nicht mehr Freiheit. Grenzenlose Freiheit aber neigt durch ihre Entgrenztheit zur Selbstzerstörung. Man bewahrt Freiheit, indem man sie vor sich selbst schützt.

Die Idee der Freiheit besteht bekanntlich darin, dass über keinen Menschen von anderen verfügt werden darf. Freiheit heißt also Freiheit *von* fremdbeherrschenden oder fremdverfügenden Kräften. Und Freiheit heißt zugleich Freiheit *zur* Selbstbestimmung. Diese doppelte Qualität des Freiheitsbegriffs ist das Ergebnis einer historisch nicht selbstverständlichen Entwicklung. Nachdem der Liberalismus sich im 18. Jahrhundert gegen obrigkeitsgelenkte Korsettierungen hatte freikämpfen müssen, wurde er zu Beginn des 19. Jahrhunderts selbst zur herrschenden Ordnung, deren Dynamik man seither wiederum durch sozialstaatliche Maßnahmen zu zähmen versucht. Als Ordnungsphilosophie der bürgerlichen Gesellschaft setzte der Liberalismus das sich selbst bestimmende Individuum an die Stelle der Stände und gab dem Einzelnen den Grundgedanken freiheitlicher Weltanschauung mit auf den Weg: Werde, der du bist.

Jedes Individuum hat bekanntermaßen das verbriefte Recht, es selbst zu sein. Es verfügt über die Möglichkeit zu seinem eigenen Lebensentwurf und darüber, denselben eigenmächtig zu gestalten. Dieses Recht auf persönliche Freiheit ist ein Grundrecht auf Respekt, das für jede Einzelne und jeden Einzelnen gilt, weil jeder Mensch die gleiche Würde hat, eben *weil* er Mensch ist, vollkommen unabhängig von Geschlecht, Hautfarbe, Ethnie, religiöser oder sexueller Orientierung. So ist das Grundrecht der Menschenwürde als ethisches Maximum der Verfassung der Bundesrepublik verankert: Jeder Mensch hat den gleichen Wert durch Freiheit. Die Freiheit der Selbstverwirklichung endet erst dort, wo sie die Freiheit des Anderen einschränkt.

Der Einzelne darf und muss sich originär selbst verwirklichen, weil ihm eine für alle definierte Norm, der er entsprechen könnte, nicht mehr zur Verfügung steht. Das Ich der Gegenwart ist dadurch definiert, dass es seine Identität stets suchen, neu konstruieren und also dauernd revidieren muss. Diese Suche findet in einer weitgehend moralfreien Kulisse statt, ohne höhere Visionen und einbettende Gewissheiten darüber, was wahrhaft, richtig, falsch und vernünftig wäre. Natürlich, es gibt das Grundgesetz und seinen unbedingten Schutz der Menschenwürde; als Gründungsdokument der Nachkriegsrepublik aber hat es vor allem rechtlichen Charakter. Wenn hier vom Takt übergeordneter Gewissheiten und einbettender Moral die Rede ist, geht es vielmehr um ein homogenes, verbindliches, normatives, also verpflichtendes Set an moralischen Werten, die von allen oder der größten Zahl der Menschen geteilt werden können. Der große Zugewinn an individueller Freiheit besteht ja in der Suspension einer bis hin zum Dogma aus höheren Instanzen abgeleiteten moralischen Verbindlichkeit.

Es ist ja nicht ernsthaft zu bezweifeln, dass das Individuum heute sein Leben in größtmöglicher Liberalität zu führen imstande ist: Es wird nicht diskriminiert, darf offen schwul und lesbisch sein, einer Minderheit angehören, glauben, an welche Götter oder Götzen es will, eigene Spiritualität praktizieren, Gesellschaft und Regierung kritisieren, demonstrieren, sich auf sozialstaatliche Leistungen berufen, Rechtsansprüche geltend machen und ungehindert vor den höchsten Gerichten für seine Rechte kämpfen. Es lebt im äußeren Frieden, vermag zu wählen, sich ungezwungen zu positionieren und eigenmächtig zu entscheiden. Es kann sich selbst verwirklichen, diverse Neigungen und Interessen verfolgen, Unternehmen gründen, Geschäfte machen, unzensierte Zeitungen lesen, Dutzende Fernsehsender empfangen, problemlos in Nachbarländer reisen und meist billig in fast alle Welt fliegen. Es ist geschützt in seinem Anspruch auf unantastbare Würde und eingebettet in höhere Vernunft, die sich im Grundgesetz niederschlägt, welches, im Fall der Bundesrepublik, das edle Dokument einer geschichtlichen Lehre ist, der Lehre aus dem größten Zivilisationsbruch, den es je gegeben hat: der bis heute kaum fassbaren Vernichtung aller Menschlichkeit und Mitmenschlichkeit durch das »Dritte Reich«. Theoretisch genießt jeder deutsche Staatsbürger die Segnungen dieser garantierten Liberalität, die allerdings nicht von jedem als Segnungen empfunden werden. Wer Einsprüche hat oder Protestfreude verspürt, ist allzeit eingeladen, sich zu organisieren und durch aktive politische Teilnahme auf Veränderungen hinzuwirken. So weit ist die vollendete Vernunft der liberalen Demokratie als Antwort auf die praktische Unvernunft der kumulierten Gewaltkreisläufe in den vergangenen 700 Jahren bis heute beispiellos.

23.

Totale Flexibilisierung bedroht die Freiheit des Individuums.

Seit Mitte der 1990er haben sich Organisation, Bedeutung und Sprache der Arbeit radikal verändert. Unternehmen zerfallen oder fusionieren, Jobs tauchen auf und verschwinden wie zusammenhanglose Geschehnisse. Stellen werden durch »Projekte« und »Arbeitsfelder« ersetzt, große Firmen lagern Aufgaben an kleine Firmen mit kurzfristigen Verträgen aus. Konzerntöchter springen in einen Ansiedlungsraum, verharren kurz, springen wieder heraus und verlassen den Standort ohne Geduld. Der amerikanische Soziologe Richard Sennett hat diese epochale Veränderung als »Drift« beschrieben: »Das sichtbarste Zeichen dieses Wandels könnte das Motto ›nichts Langfristiges‹ sein.« Die moderne Arbeitswelt, befand Sennett 1998 in seinem

Buch *The Corrosion of Character* (deutsch *Der flexible Mensch*), sei gekennzeichnet durch den Mangel an Loyalität und Verbindlichkeit; Erfahrungen zählen nichts mehr, Alter gilt als Garant für Erstarrung, einzig Jugend ist erwünscht, weil Jugend formbar, billig und schneller kündbar ist. In den letzten zwanzig Jahren ist der Druck innerhalb des ökonomischen Systems eminent gestiegen. Durch die technische Entwicklung wurden neue Felder geschaffen, neue Kräfte und Möglichkeiten freigesetzt. Der Geist wurde elektrisiert wie elektronisiert und der Zwang offensichtlich, mit Entgrenzung, Zeitlosigkeit und Verdichtung mitzuhalten. Nirgends konnte der Einzelne ankommen, ohne nicht sogleich wieder von vorne anfangen zu müssen.

Diese ökonomische Realität ist Jahr für Jahr brutaler geworden. Der Gegensatz von Arbeitsintensität und Personalabbau verschärfte sich erheblich; immer weniger Menschen müssen immer mehr Arbeit verrichten. Wer keine Beschäftigung hat, fühlt sich unterfordert und überflüssig. Wer beschäftigt ist, überlastet und fremdbestimmt. Unter Bedingungen erhöhter Konkurrenz haben zwischenmenschliche Spannungen zugenommen, ist Solidarität geschwunden, stopfen die Menschen sich mit Ritalinkapseln und Modafiniltabletten voll, um wie gedopte Leistungssportler ihre Grenzen zu überschreiten und in anaeroben Höhen zu bestehen. Unter- und Überforderung sind nicht mehr austariert; das Verhältnis zwischen Leistungsfähigkeit, Wohlbefinden und Beanspruchung ist gestört. Der gute Stress nimmt ab, der schlechte zu. In großen Unternehmen wird gemobbt, verbogene Rückgrate sind von Vorteil, die Spielchen von Ausgrenzung und Zuneigung täglich Brot. In Deutschland konnte jeder, bevor sie ihn durch die Wirtschaftskrise vielleicht leibhaftig ereilten, die Konsequenzen der neuen ökonomischen

Realität täglich nachlesen: betriebsbedingte Kündigungen, Insolvenzen, Gewinneinbußen, Bankpleiten, Jobkahlschläge. Der Verfall des Sozialen, oder zumindest die Angst davor, ist spätmoderner Alltag geworden. Der Unterschichtsbürger hat resigniert und schottet sich ab, der Mittelschichtsbürger kämpft gegen das Schicksal, zum Unterschichtsbürger zu werden, der Oberschichtsbürger wappnet sich davor, ins Mittelschichtsbürgertum abzurutschen. Die Angst vor Unsicherheit ist von den Rändern der Gesellschaft in die Mitte gewandert.

Wenn nun Richard Sennett zufolge das Prinzip *Nichts Langfristiges* für die Entwicklung von Vertrauen, Loyalität und gegenseitiger Verpflichtung verhängnisvoll ist, weil es auf lange Sicht desorientiert und die Selbstachtung untergräbt, dann ist der »flexible Mensch« ein zwangsflexibler Mensch. Flexibilität ist nur noch ein rhetorisches Synonym für Kurzfristigkeit, für Diskontinuität, Unmittelbarkeit und Vertrauensverlust. Seit Mitte der Achtzigerjahre sind mit der Ideologie des *flexiblen Menschen* die Prinzipien Eigenverantwortung, lebenslanges Lernen, ständige Fortbildung, fortgesetztes Selbstmanagement und das aerodynamische Prinzip aus Fitness, Schlankheit, Jugendlichkeit und Mobilität verknüpft. Sie haben einen Konsens geschaffen, nach dem im Namen höherer Leistungskraft alle Schmerzen sofort wegzuspritzen, jedes Leid ad hoc niederzutherapieren und das aufbegehrende Leben zu betäuben ist.

Im omnipräsenten Handel mit schnellem Erfolg und hohen Renditen sind dauerhafte Bindungen keine Währungen mehr. Produkte werden weder an ihrem tatsächlichen noch an ihrem ideellen Wert gemessen, sondern an ihrer Abschöpfbarkeit. Um dem Druck der Abschöpfbarkeit standzuhalten, erhöht sich der Zwang zur Selbstverfügung. Die ökonomische Norm fordert von jedem Einzelnen die volle Verantwortung für all seine Handlungen und für alle Unterlassungen von Handlungen, die von ihr gefordert werden – ohne dass klar ist, wer sie warum fordert. Sie, die Norm, erwartet von jedem aktive Unterwerfung und stete Wachsamkeit, ohne sich für diese Erwartung legitimieren zu müssen. Die ökonomische Realität ist durch sich selbst gerechtfertigt: Sie argumentiert mit einer fraglos plausiblen *Rationalität*, die zur fraglos plausiblen *Realität* geworden ist.

24.

Das Individuum hat sich selbst verloren.

Seit Mitte der 1980er-Jahre scheidet die Gesellschaft ihre Angehörigen in Gewinner und Verlierer, ohne auf Klassen, Milieus, Ideologien oder Religionen Rücksicht zu nehmen. Jeder kann in kürzester Zeit Millionär werden, ohne eine entsprechende Begabung reifen lassen zu müssen, die in der Dauer zu wertvollen Früchten führt. Wer nicht siegt, ist selbst schuld und reichlich dämlich dazu. Er hätte sogar drei Joker.

Als Katalysator der Gewinnerkultur drückt sich die *Maxime der Kurzfristigkeit* in der Beschleunigung aller Prozesse aus und somit im Verbrauch. Menschen, Ideen und Projekte werden verbraucht, ohne auf nachhaltige, sprich langfristige Wirkung zu setzen. Ein Antagonismus tritt offen zutage: Vernutzungsgeist gegen Nachhaltigkeitsethos. Das auf kurze Fristen angelegte Verbrauchsprinzip sträubt sich gegen Investition und Geduld. Das *unternehmerische Selbst* ist gezwungen, sich unablässig selbst zu fordern, um den Verdacht auf eigene Austauschbarkeit widerlegen zu können. Alle am Arbeitsprozess Beteiligten sind dem Zwang ausgesetzt, mehr zu leisten, als die eigene Natur gestattet, um Spezialisierung, Rationalisierung und Verdichtung zu überleben. Der Einzelne lebt im permanenten Ausnahmezustand der Überreizung, Überhitzung und Überspannung. Er ist permanent damit beschäftigt, die optimierte Lebenswelt in scheinbarer Harmonie zu verwalten. Und die permanente Verfügbarkeit von Informationen bedeutet auch die permanente Verfügung über den Einzelnen durch Informationskaskaden.

Dieses Permanente, die atemlose Beschleunigung der eigenen Freiheit, die stets gezwungen ist, sich selbst anzuwenden, ist in hohem Maße entkräftend. Da niemand im Hintergrund steht und den Einzelnen auffängt, da es Familien kaum noch gibt und der Konkurrenzkampf Vertrauen und Loyalität zu Lippenbekenntnissen macht, steht der zeitgenössische Mensch in größter Einsamkeit und Verlorenheit vor sich selbst. Und er darf nicht einmal weinen, weil ihm Weinen als Schwäche ausgelegt wird und die ökonomische Realität, die längst eine soziale geworden ist, die Schwäche mit Tabu belegt.

Es gibt keinerlei Codes mehr, deren Beherrschung dem Einzelnen Schutz gewähren, keine einhegenden Traditionen zwischen- und mitmenschlicher Einfühlung, deren Verletzung allgemein anerkannte Sanktionen nach sich ziehen würden. Und es gibt keine verbindlichen Vorbilder mehr, an deren Weg und Versprechen auf Menschlichkeit sich das Ich orientieren könnte. Statt Vorbildern gibt es nur noch Idole mit falschem Schimmer. Das Individuum hat nicht nur sein Wir, es hat letztlich auch sich selbst verloren.

25.

Die Sehnsucht nach dem Menschlichen ist eine Sehnsucht nach scheinbarer Schwäche.

Der deutsche Anthropologe Helmuth Plessner, einer der am meisten unterschätzten Denker der jüngeren Geistesgeschichte, hat vor über 30 Jahren nach der *conditio humana* des modernen Menschen gefragt und Antworten vor allem in der »Verkörperung« erhalten. »Lachen und Weinen«, schrieb er 1976, »passen schlecht in das Bild vom beherrschten, redegewaltigen Menschen, der seine körperliche Existenz zu kultivieren sucht und sich (…) seiner Nacktheit schämt.«

Wenn Lachen wie Weinen bei Plessner noch Reaktionen auf Grenzen sind, an denen unser Verhalten stößt, dann gelten sie heute, im Kampf um soziale Anerkennung, erst recht als Niederlage. Wer weint, ist schwach. Der Kampf um soziale Anerkennung ist ein Kampf um Steigerung. In der Siegerkultur gibt es Gewinner, am besten strahlende, aber keine lachenden Menschen mehr. Das ökonomische Denken kennt keine Gefühle und Affekte, sondern Techniken und Methoden zur Bedürfniserfüllung. Es ist vollkommen metaphysikfrei auf die Transformation der Materie Mensch ausgerichtet. Nichts verlangt das ökonomische Denken mehr als effiziente Ordnung und effektive Kontrolle des Gefühls und also des Menschlichen.

Was sich gerade heute, auf dem Gipfel der individuellen Selbstverwirklichung, Bahn zu brechen scheint, ist kurioserweise eine Sehnsucht nach dem Menschlichen. Der übersteigerte Hype in Bezug auf Stars, Superstars, Models, Idole und Fußballer wirkt wie eine Übersprunghandlung verdorrter Seelen. Die Hyper-Emotionalisierung, in die uns Entertainment- und Medienindustrie treiben, hinterlässt blutleere Emotionsbehauptungen und eine groteske Infantilität.

Die Defekte der Gegenwart sind Defekte der wahren Gefühle bei gleichzeitiger Herrschaft konfektionierter Gefühls-Placebos. Wenn man im Arbeitsalltag permanent das wahre Gefühl des Ungenügens hat, liegt es nahe, sich an Instanzen zu wenden, die postwendend Stärkung versprechen: an einen Coach. Die Zahl der Coaches ist in den vergangenen fünf Jahren um das 20-Fache gestiegen, das Volumen der Coaching-Literatur um mehrere hundert Prozent angeschwollen. Der Coach ersetzt peu à peu den Therapeuten. Das *unternehmerische Selbst* wird zum gecoachten Ich einer gecoachten Gesellschaft, in der Optimierung zur sozialen Norm avanciert, der keiner mehr entkommen kann. Fast jede Führungsperson hat ihren persönlichen Berater, und immer mehr nicht führende Personen im spätmodernen Arbeitsprozess suchen die Hilfe eines Coachs. Weil keiner die freien Wähler das große Entscheiden gelehrt hat, gibt es für Ernährung, Stil, Spiritualität, Fitness, Kommunikation, Motivation, beruflichen Ausstieg, Sabbatical, Partnerschaft, Ehe und Sexualität Herden bestens verdienender Berater und Coaches, deren Auftragsbücher randvoll sind.

Coaching ist erfolgreich, weil Coaches antreten, Gefühle zu reanimieren. Sie stellen dem instrumentalisierten Ich die Frage nach dem Sich, und fragen so nach dem Rückbezug des Ich auf es selbst, weil dieses scheinbar freie Ich vor lauter Selbstverfügung vergessen oder verlernt hat, sich auf etwas außer sich zu beziehen, um sich selbst zu erkennen und zu spüren. Im Moment der höchsten Freiheit lebt es in höchster Verunsicherung.

Coaching richtet sich an Personen, deren Selbststeuerungsfähigkeit vollauf intakt ist, die aber bewusst und gezielt nach systematischer Veränderung streben. Wo der Therapeut mindestens sechs bis zehn Sitzungen braucht, um mühsam hinter die Biografie des Patienten zu steigen, zielt der Coach auf eine Lösung in kürzester Zeit und entspricht damit selbst dem ökonomischen Imperativ der Gegenwart, möglichst effektiv und effizient, schnell und ohne Zeitverlust agieren zu können. Lange Problemdiskurse verzögern den Ablauf, Verzögerungen kosten Geld. Unternehmen sind den Coaches plötzlich wohlgesinnt – oft genug aus vitalem Interesse, die Motivation des Mitarbeiters zu den eigenen Gunsten zu steigern.

Coaching hat ein systemisches Problem: Die Führungskräfte, die einen Coach oder Berater einkaufen, werden durch das Coaching für ihre Mitarbeiter zumindest indirekt bewertet. Die Coaches können jedoch kein Interesse daran haben, dass für die Führungskraft am Ende eine Erkenntnis steht, die ihre vorausgegangenen Entscheidungen grundsätzlich infrage stellt. Weil Arbeitnehmer aber andererseits ständig Änderungen, Bewegung, Flexibilität nachweisen müssen, ist Coaching oft reine Simulation, die die Möglichkeit zur Änderung nur vorgaukelt. In Wirklichkeit bleibt alles beim Alten und die Hierarchie gewahrt, nach der der Arbeitnehmer dankbar zu sein hat für diese *Möglichkeit* zur Veränderung, die ihm die Führungskraft durch ein Coaching bezahlt. Am Ende weiß der Gecoachte nur, dass er aus Sicht seiner Vorgesetzten Veränderung, Verbesserung, gar Hilfe nötig hatte, sonst hätte man ihm ja kein Coaching gewährt. Dass Coaching als unausgesprochene gesellschaftliche Norm plötzlich allen plausibel erscheint, ist auch ein Beleg für die List des Systems: Wer sich einen Coach nimmt, ist den Anforderungen des Marktes nicht mehr gewachsen, dabei hat genau der ihn erst so wohlhabend gemacht, dass er sich einen Coach überhaupt leisten kann. Insofern mag Coaching als Beispiel für soziale Ungerechtigkeit dienen; ein Hartz-IV-Bezieher wird sich selten professionelle Begleitung für durchschnittlich 150 Euro die Stunde leisten können oder wollen. Wer sich coachen lässt, ist ein meist überdurchschnittlich gebildeter Mensch mit entsprechender Position. In der Regel sind es gut verdienende Führungskräfte, Selbstständige, Politiker und Künstler, die Tüchtigen und Fleißigen aus den Branchen Dienstleistung, Verkehr, Gesundheit und IT; die bestens Ausgebildeten auf Geschäftsführerebene, Frauen wie Männer, ausgestattet mit höchsten Erwartungen an sich selbst, die mit großer Leidensbereitschaft viel zu viel arbeiten und in der Arbeit keinerlei Sinn mehr finden, schließlich Manager und Millionäre, deren Abhängigkeit von Analysten, Börsenkursen, Quartalsbilanzen und Aktieninhabern sie zu bedauernswerten Sklaven des Systems gemacht hat.

Coaching und *der Coach* selbst sind ein logisches Produkt des radikalen Individualismus. Sie sind die Reaktion eines Systems auf seine eigenen Defizite, das halb fertige Menschprodukte auswirft, die über ihren Projektstatus nicht mehr hinauskommen. Im mentalen Gepäck haben all jene zur Selbstsicherheit Verdammten, die den Coach aufsuchen, ein Kernthema: Unsicherheit. Es ist nicht nur erstaunlich, sondern geradezu erschreckend, wenn zeitgenössische Menschen, deren Identität sich weitgehend aus Leistung und ihrer Steigerbarkeit speist, die im täglichen Kampf um soziale Anerkennung und Geltung ihr Leben (will heißen ihre Arbeitskraft, ihren Job, ihre Aufstiegsmöglichkeit und also ihr Ego) in die Waagschale des Marktes werfen, in Momenten der Stille, außerhalb des totalen Marktes, unfähig sind, ein Gespür für sich selbst zu entwickeln. Der Coach rät nicht, er fragt; er reagiert und holt mit Empathie und Intuition hervor, was verschüttgegangen scheint. Hat ein Coach großen Erfolg, gelingt es ihm, am Ende einer achtstündigen Sitzung in einem kleinen, schnörkellosen Raum, in einem Moment der Wärme und plötzlichen Geborgenheit, den Kunden in Kontakt mit sich zu bringen, ihn für eine einzige Frage empfänglich zu machen: *Was wollen Sie*? Vier, sechs, acht Stunden lang geht es nur um diese eine, vergleichsweise simple Frage und um eine unspektakuläre, vergleichsweise kleine Antwort mit großen Konsequenzen für das aus den Fugen geratene Leben. Wann hat der aus allen sozialen Klammerungen gelöste Einzelne heute noch derart viel Aufmerksamkeit allein für sich? Und wann kann es endlich einmal Schwäche zeigen, ohne sofort dafür verlacht oder bestraft zu werden?

Diese Frage, die sich zugleich sowohl an das »was« als auch an das »wollen« wie an das »Sie« wendet, zielt auf das Selbst des Menschen, der im globalen Wettbewerb etwas Besonderes sein soll, ein perfektes Gesamtkunstwerk, theoretisch versiert, ästhetisch perfekt, sozial kompetent. Die Zeitgenossen gehen zum Imageconsulting, zu Coachings oder zum Mental Trainer, um festzustellen, dass sie als Mensch etwas wert sind. Sie sehnen sich nach nichts mehr als nach Wertschätzung.

26.

Die kulturelle Ordnung westlicher Demokratiegesellschaften basiert auf dem Prinzip der Steigerung.

Nicht nur das Wort *Globalisierung* meint eigentlich *Entgrenzung*; die Grundzüge der Epoche sind in Inhalt, Form und Sprache ökonomischer Art. Die ökonomische Realität gibt dem Einzelnen nur zurück, wenn der Einzelne in die ökonomische Realität investiert hat. Aber der Einzelne investiert nicht nur Geld oder Ideen. Er investiert sich. Um sich investieren zu können, muss er seinen Wert kennen. Und um diesen zu steigern, muss er sich optimieren. Da der Aufruf zur Optimierung an alle Individuen in allen Lebensbereichen für alle Handlungen ergeht, kann man von einer Kultur der Optimierung sprechen. Dieser Kultur, die »Kultur« deswegen ist, weil sie all unser Handeln und Denken zusammenfasst, liegen Ideale zugrunde, die aus fraglos plausiblen Rationalitäten entstanden sind: Es scheint, als hätten sie immer schon geherrscht, als sei es nie anders gewesen, als seien sie ohne Zweifel richtig. Ihr Geben-und-Nehmen-Prinzip verlangt einen Modus ständiger Verhandlung. Der Einzelne verhandelt sich mit der Gesellschaft, mit dem Arbeitgeber, mit dem Familienmitglied, mit dem Ehepartner.

Die Perfidie einer Logik der Optimierung besteht darin, dass sie erstens nie endet und es zweitens keine Instanzen gibt, die definitiv festlegen könnten, was optimal ist und wann es das ist. Ein System, das sich ständig wandelt und dynamisch neu entwirft, hat keinen endgültigen Bezugspunkt, bei dessen Erreichen der Anspruch erfüllt wäre. Erfüllte Ansprüche sind wie erfüllte Sehnsüchte: in Zukunft nutzlos. Also besteht die Rationalität des Systems darin, Ansprüche und Sehnsüchte im Progress der ständigen Steigerung zu halten und das Leben im Komparativ zu verankern. Der Komparativ impliziert, nie vollauf zu genügen. In der ökonomisierten Lebenswelt von Siegerkult und Gewinnerkultur lebt das freie Ich gemäß den olympischen Prinzipien *schneller, höher, weiter!* ohne Unterlass auf ein Optimum zu, das es nie erreichen wird. Für das Ungenügen ist es ebenso selbst verantwortlich wie für ein mögliches Scheitern.

Da das Individuum schon früh auf individuelle Optimierung gedrillt wird, um als nützliches Mitglied der Gesellschaft anerkannt zu bleiben, sind die Anforderungen an den Einzelnen sein Leben lang widersprüchlich. Im Spannungsfeld zwischen mentalem und körperlichem Optimierungszwang wird das Leben zum agonalen Wettstreit mit sich selbst. Das freie Individuum steckt fest zwischen Selbstermächtigung und Angstzuständen, ohne zu wissen, wo sein sozialer Ort und was seine soziale Identität ist.

Wahlfreiheit ist dann nur noch die Freiheit zu wählen, *wie* man sich optimiert. Es ist gerade nicht mehr die ursprüngliche Freiheit, dem Zwang der Anpassung zu entgehen und selbstbestimmt die Lebensführung zu wählen, die einem am ehesten entspricht.

27.

Die Verfügung über den eigenen Körper wird zur letzten Zuflucht der Selbstbestimmung.

Ein Zeitgenosse weiß am Morgen eines gewöhnlichen Tages, dass er am Abend alles verlieren kann: den Job, die Beziehung, den Ehepartner, die soziale Anerkennung, den gesellschaftlichen Wert. Eines aber nicht: die Verfügungsgewalt über den eigenen Körper und seine Gestaltung. Nichts symbolisiert den letzten Raum des selbstbestimmten Individuums eindrücklicher als das Tattoo.

Der ständigen Fremdverfügung setzt der Zeitgenosse das Tattoo entgegen. Einerlei, ob der Name der Braut, ein Totenkopf, florale Muster, visionäre Gespinste oder animalische Kreaturen, das Tattoo ist das ästhetische Symbol der ultimativen Selbstbehauptung: der Verfügung über den eigenen Körper gegen die herrschenden Rationalitäten, denen zufolge Tattoos in der Tat meist hässlich, kitschig und, betreffen sie etwa den gesamten Arm, gar Hals oder Kopf, in angestammten beruflichen Kontexten (nicht einmal nur im Bankenwesen) disqualifizierend sind. Über diesen symbolischen Aufstand gegen den Zugriff der Welt rettet sich das fremdbeherrschte Individuum in ein Refugium, über das nur noch es selbst verfügt.

28.

Selbstermächtigungsphantasien sind die Tele-Visionen des Leistungs-Entertainments.

Die willkommenste Ablenkung vom Verdacht auf Sinnlosigkeit des eigenen Tuns, die sich die breite Masse gönnt, sind abermals neue Fernsehformate. In ihnen geht es stets um Leistung und das Scheitern daran. »Germany's next Topmodel« mit einer amüsant quiekenden, zwischen Kindersprech (»Schminki schminki«) und Domina-Rhetorik changierenden Parfümketten-Beauty, dieser ästhetischen Überhöhung der Fußgängerzone, die zur Freude aller märchenliebenden Kinder und Onkels auch noch Heidi heißt – »Germany's next Topmodel by Heidi Klum« ist, im Lichte eines jungfräulichen Morgens betrachtet, nichts anderes als die Vereinnahmung des agonalen Wettkampfs durch die Entertainmentindustrie, mit kaum abzuschätzendem Prägecharakter für Millionen junge Mädchen und ihre stillen Sehnsüchte, Ruhm, Erfolg und Reichtum zu ernten, ohne vorher zu säen.

Eigentlich geht es bei all dem um nichts anderes als Leistung. Hundert Prozent reicht nicht, du musst hundertfünfzig geben! Will heißen: Gib mehr, als du hast! Werde perfekt, oder zeig uns, dass du dich optimieren willst! Ähnlich klingen die Sprüche der Motivationstrainer: Werde Adler, bleib nicht Huhn! Erheb dich und herrsche!

Aus Studien über totalitäre Regime (und durch die einfache Begutachtung der Menschheitsgeschichte) ist zu erfahren, dass der Mensch höchst anfällig für Selbsterhebungsphantasien ist, weil er in seinem animalischen Triebgefüge noch nicht oder nicht mehr hinreichend sublimiert ist, je nach Veredelungsfaktor der jeweiligen kulturellen Ära.

»Deutschland sucht den Superstar«, das zweite Beispiel des Leistungsentertainments, erreicht den höchsten Rang der medial adaptierten Leistungs- und Optimierungskämpfe unter Jugendlichen. Wie fast alle erfolgreichen Fernsehformate in Deutschland ist auch dieses eine Kopie aus dem angelsächsischen Bereich. Angelsächsisches Kulturverständnis, die Verschwisterung protestantischer Leistungs- und Pflichtethik mit dem Geist des Kapitalismus, liegt nicht nur dem Aufstieg, sondern – in Form seiner Grenzenlosigkeit – auch der Dekadenz der aktuellen Krise zugrunde. Folgerichtig übersetzen Briten, Amerikaner oder Australier ihre Lebensauffassung in kulturell entsprechend codierte Formate. In Deutschland, wo man gern mit gepflegtem Phlegma den Innovationen der anderen zusieht, werden diese sodann mit der üblichen weltmeisterlichen Disziplin, frei von genuinem Humor oder Stil, aber die ganze Welt überbietend, umgesetzt. Wo in England einfach nur Britanniens Talente gesucht werden (der sophistische Titel der dortigen TV-Show lautet »Britain's Got Talent«), begnügt man sich in Deutschland – dem Land, das »Modern Talking« hervorgebracht hat – nicht einmal mehr mit *Stars*, sondern man sucht gleich *Superstars*. Allein dem Wort *Superstar* liegt der hypertrophe Fanatismus der Superlativisierung zugrunde, der die Optimierungslogik auszeichnet.

Die kalkulierte und vielleicht sogar vereinbarte Hintertreibung dieser Logik durch Querulanten, Zicken, Diffamierer und

Petzen stabilisiert nur noch die fraglos plausible Richtigkeit des Leistungsprinzips, weil jeder sehen kann, dass Unkonforme und Aufbegehrende allmählich zu Außenseitern werden, ehe sie als Unsympathieträger logischerweise ausscheiden und die medialen Schaltkreise zuvor noch ihren Gewinn mit ihnen gemacht haben. Zweifelsohne: Die Sendungen auf RTL und ProSieben, weniger an Kulturgut als an hohen Umsätzen interessierten Verwertungskonzernen, sind perfekt arrangiert: überaus clever und so spannungsreich inszeniert, dass sich Woche für Woche Millionen Zuschauer stundenlang bannen lassen und am nächsten Morgen im profanen Büro die Eignung der Topmodels durchdeklinieren oder von den Stimmchen der Superstars schwärmen.

Stefan Raab schließlich, Gesicht und Geist von ProSieben, exerziert mit seinen abendfüllenden Sendungs-Epen zwischen Sport und Klamauk den Prinzipienzusammenhang von Leistung, Blamage und Unterhaltung am trickreichsten durch. *Raab* ist ein geschlossenes System auf der Grundlage eines totalitären Prinzips – der Jedermann der Erregungsgesellschaft, ihr Antreiber und Verächter zugleich, der sich still und heimlich eins lacht über die Inhaltslosigkeit der Szene, der er selbst entstammt.

Aus dem Pioniergeist der ungehemmten Selbsterfindung heraus hat Raab sich eine Show auf den Leib geschneidert, die die gesellschaftlichen Lüste und Ansprüche mit seinen eigenen Leidenschaften verschmilzt: *Schlag den Raab*. Die Sendung inszeniert ein Duell. Den Gladiatorenkampf. Mann gegen Mann. Die älteste Auseinandersetzung der Welt. Sieger und Verlierer. Der wichtigste Faktor des Formats ist die Blamage. Nichts lässt sich besser vermarkten als Blamierte und Erniedrigte. Raab selbst aber ist immer fein raus. Auch wenn er verliert, kann er sich nicht blamieren, weil die Blamage für ihn schon wieder ein Triumph ist: Er hat es probiert, hat sich gestellt und schon dadurch gewonnen.

Entscheidend ist, dass alle zitierten Formate – die erfolgreichsten Sendungen der letzten Jahre – den Geist der Optimierung, Leistung, Perfektion, des Selbstbesiegens, Überwindens und Gewinnens zur Grundlage haben. Im Fall von »Schlag den Raab« oder »Wer wird Millionär?« ist der medialkapitalistische Siegergeist mit einer sensationell hohen Summe Geld verbunden, womit nicht nur die Durchschnittsmenschensehnsucht nach Helden und Mythen, Epen und Siegen, Kämpfen und Triumphen, sondern auch jene nach Prämie und Belohnung erfüllt ist. Und das ohne einen Tropfen realen Blutes, nur durch den Druck auf den Knopf der Fernbedienung, was, kriegsgeschichtlich betrachtet, von hoher, fast schon heroischer Friedfertigkeit ist.

29.

Das Organisationssystem westlicher Industriegesellschaften will den funktionalisierten Menschen.

Funktionsfähige Menschen lassen sich besser verwerten. Die Wirtschaftsordnung setzt auf Verwertungsprozesse und arbeitet forciert an der Aufhebung von Verbindlichkeiten: je mehr Verbindungen, Datenströme und Netzwerke angeboten werden, desto weniger verbindlich sind sie. Da der Geist der neuen ökonomischen Realität die Prinzipien des entgrenzten Wachstums aus den Herstellungsverfahren der Produkte auf den Menschen überträgt, wird der Mensch zum Produkt: zu etwas, das sich im Rahmen der gegebenen Umstände selbst herstellt und durchführt. Diese Rationalität ist für das Ich fraglos plausibel, zumindest sind alle gesellschaftlichen und politischen Handlungsbereiche von ihren Normen durchdrungen und machen es dem Einzelnen schwer, gegen den Strich zu bürsten. Er ist mit den Ansprüchen weitgehend allein gelassen, erhält weder Rückmeldung noch Rückendeckung, die er früher aus der Großfamilie oder anderen sozialen Verbänden bezog. Er ist getrieben vom Gefühl des Zeitdrucks, von Stress und Konkurrenzdenken in hochkompetitiven Ballungsräumen. Und er ist Opfer dessen, was der italienische Philosoph Giacomo Marramao mit dem Begriff »Zeitsyndrom« als Grundlage der globalisierten Gesellschaft erfasst hat: der wachsenden Diskrepanz zwischen dem Übermaß an Angeboten und der fehlenden Zeit zu ihrer Erfahrung.

Die Degenerierung des Menschen zum Produkt wird in erster Linie befördert durch die unbarmherzige Verdichtung der Zeit. Seit der Erfindung von Dampfmaschine und Eisenbahn Mitte des 19. Jahrhunderts wurde wirtschaftliches Wachstum und somit Wohlstand über wachsende Beschleunigung erreicht. Wachstum bedeutet, in gleicher Zeit mehr zu tun als bisher, oder anders: bisher ungenützte Zeit künftig ökonomisch vollständig nutzbar zu machen. Dieses lineare Beschleunigungsmodell war an jenem Punkt an ein vorläufiges Ende gelangt, da die Temposteigerung von der Eisenbahn über das Auto und Flugzeug zur Rakete bei der Lichtgeschwindigkeit von 300 000 Kilometer pro Sekunde angekommen und nicht mehr zu überschreiten war. So wurde ein neues Paradigma erschaffen: die Vergleichzeitigung. Mit einem anderen Wort: Enttaktung. Dieses Paradigma verwirklicht sich in der Idee der Sieben-Tage-Vierundzwanzig-Stunden-rund-um-die-Uhr-Gesellschaft ohne Ladenschlusszeiten und Sonntagsruhe.

Wenn im ökonomischen Wettbewerb alle Parameter ausgereizt und alle raumzeitlichen Grenzen aufgehoben sind, wenn der Wettbewerb monetäre Spielräume nur noch bei den Personalkosten zulässt und auf der Jagd nach senkbaren Ausgaben billigere Arbeitskräfte durch die billigsten ersetzt werden, gibt es nur noch einen einzigen verhandelbaren Posten: *Zeit*. Zeit ist das Betriebssystem unserer Wirtschafts- und Gesellschaftsordnung. Es besteht ein genuiner Zusammenhang zwischen der aktuellen Krise des Wirtschaftssystems im Besonderen und Zeit als solcher. Zeit wie Geld sind virtuelle Kategorien, die in kapitalistisch organisierten Kulturen logisch aufeinander bezogen sind: eine bestimmte Einheit Zeit erhält über die Herstellung eines bestimmten Gutes einen bestimmten Wert, der sich in Geld materialisiert. Zeit ist Mittel zum Geld-Zweck. Insofern ist der Identitätskern des Kapitalismus in der Tat das Diktum Benjamin Franklins aus dem 18. Jahrhundert: »Denkt daran, Zeit ist Geld!«

Zeit ist Währung und Ressource zugleich, das macht sie so wertvoll. Prinzipiell ist Zeit die gerechteste aller denkbaren Ressourcen, weil jeder Mensch alltäglich vierundzwanzig Stunden zur Verfügung hat. Das Problem beginnt dann, wenn über diese Eigen-Zeit von fremden Instanzen, dem Staat, dem Arbeitgeber, »dem« ökonomischen System, verfügt wird. Je stärker seine Zeit fremdbestimmt ist, desto unfreier wird das Individuum. Zeit und ihr Gebrauch sind durch ein Herrschaftsverhältnis definiert: Macht hat der, der über die Zeit des Anderen verfügt.

Die Kultur des Kapitalismus westlicher Industriestaaten organisiert sich primär über fremdverfügte Zeit und ihre Verdichtung. Oder anders: *Zeit* ist die Währung des permanenten Wachstums in immer kleineren Einheiten. Die atemlose Beschleunigung, die wir seit einigen Jahren erleben, entspricht dem rationalisierten Optimierungsstreben durch technologische Innovationen. Globalisierung, das Wort, das sich so groß anhört, ist in Wirklichkeit die Beschreibung einer rasanten Verkleinerung: der Reduktion von Zeit und Raum so lange, bis die geringsten Einheiten erreicht sind. Die dichteste Zeiteinheit ist die elektronische: das virtuelle Datum, die Gleichzeitigkeit, die Aufhebung der Dauer. Der Rhythmus natürlicher Zeit ist entkoppelt von der Zeit als virtueller Verkehrsgröße.

Dass, statistisch gesehen, das Erwerbsarbeitsvolumen seit den 1960er-Jahren kontinuierlich gesunken ist, bleibt unbestritten, betrifft aber nicht jene Menschen vornehmlich aus der Mittel- und oberen Mittelschicht, die in den vergangenen zehn bis zwanzig Jahren zu Leistungsträgern in permanenter Zeitnot abgerichtet wurden. Seit die Gesellschaften des westlichen Kulturkreises übereinkamen, Fortschritt als Fortschreiten in immer kürzen Einheiten zu begreifen, haben es technische Rationalität und instrumentelle Vernunft vermocht, Prozesse zu beschleunigen, Abläufe zu optimieren und Zeiteinheiten zu sparen, die sofort wieder am Markt verhandelt werden. Das Leben in einer zwangsflexiblen Gesellschaft unterliegt, um als solches führbar zu sein, der ständigen Kosten-Nutzen-Kalkulation: Wie viel investiere ich in was, um danach wie viel zu erhalten? Auf dem globalen Markt der Reduktionen überlebt der, der schneller als der Konkurrent kostengünstiger produziert. Je reduzierter und dichter die Einheiten also sind, desto mehr wird Zeit selbst zum Kapital und desto weniger sind die Erzeugnisse an reale Güter aus herstellender Produktion rückgebunden.

Durch die Enttaktung des Spekulationskapitals im Rahmen der Shareholder-Value-Ideologie sind Firmenchefs zur Quartalsberichterstattung gezwungen, sind genötigt, kurzfristige Erfolge zu erzielen und langfristig angelegte Verantwortung zu opfern, um stetig wachsende Rendite eintreiben zu können. Je vernetzter das virtuelle Kapital ist, desto mehr Koordination ist für Vernetzung nötig, desto stärker steigt der Termindruck, desto größer wird die Abhängigkeit vom messbaren Erfolg. Der Stresspegel steigt, die Mitarbeiter erkranken, Planung wird schwieriger, Begegnungsräume verkleinern sich, soziale Bindungen schwinden. Aus Reduktion und Verdichtung in der Gleichzeitigkeit resultiert eine Asynchronizität von Natur und Kultur. Man kennt ihre Folgen: die eminent steigende Zahl der Burn-outs, Schlafstörungen, Depressionen.

30.

Das freie Ich ist erschöpft, weil es keine Zeit mehr hat, sich selbst zu schöpfen.

Nichts ist in den letzten Jahren zu einer machtvolleren gesellschaftlichen Konstante geworden als die Erschöpfung des Individuums unterm Zwang zur Selbstschöpfung. Es ist permanent damit beschäftigt, über seine Grenzen zu gehen und sich psychisch und körperlich zu überlisten, um bei wachsender Zeitknappheit mehr zu leisten. *Angst* ist das Komplementär zu *Zeit*, oder anders: Angst verselbstständigt sich als Folge permanenter Zeitnot. Der Beruf hat für das seelische und körperliche Wohlergehen des Einzelnen nach wie vor eine immense Bedeutung, weil er drei elementare Bedürfnisse befriedigt: das Selbstwertgefühl, die Erfahrung von Selbstwirksamkeit und das Gefühl von Zugehörigkeit. Wenn diese grundlegenden Bedürfnisse durch Radikalisierung des Wettbewerbs, durch Konkurrenzkämpfe, Verlagerung, Lohndruck, Kostendämpfung und Mobbing bedroht sind, pathologisiert sich die permanente Verunsicherung zur Angst. Der Angststörung folgt meist eine Depression, der Depression die somatische Erkrankung, die irgendwann chronisch wird. Folge des sogenannten Downsizing, der permanenten Konfrontation des einzelnen Mitarbeiters mit Personalabbau, sind erhöhte Arbeitsunfähigkeitsraten und die erhöhte Sterblichkeit an koronaren Herzkrankheiten.

Im Verbund mit Depression gehört Angst mittlerweile zur vierthäufigsten Todesursache in westlichen Industriestaaten und wird im Jahr 2020 nach den Herz-Kreislauf-Erkrankungen zur zweithäufigsten aufsteigen. Mehr als ein Viertel der Europäer leidet an den zwölf häufigsten psychischen Krankheiten; siebzig Prozent der Krankschreibungen in Deutschland gehen auf psychische Erkrankungen zurück. International durchgeführte medizinsoziologische Studien zeigen, dass während des gesamten Arbeitstages, teilweise auch während der Nacht und am Wochenende, Herzfrequenz und systolischer Blutdruck von Angestellten signifikant erhöht sind; in hohem Maße wird das Stresshormon Kortisol ausgeschieden, was auf permanente Gefahrenbewältigung hinweist. Die permanente Verunsicherung wird zu einer existenziellen Erschütterung. Die spätmoderne Wirtschaftsgemeinschaft ist unter anderem eine Ansammlung von Sozialphobikern und Angstpatienten mit prototypischem Karriereverlauf: Druckzuwachs, Überlastung, Selbstüberschätzung, Stresspegel-Überschreitung, Panikattacke, Angst vor Menschen, Angst vor Massen, Angst in Zügen, U-Bahnen, Flugzeugen, Todesangst, soziale Isolation, Angststörungen, der Angst vor dem sofortigen Sterben. Schließlich die Angst vor der Angst, die eine Angst vor dem Scheitern ist.

31.

Das letzte gültige Tabu einer enttabuisierten Gegenwart ist das Scheitern.

Die Gefahr, an all den fraglos plausiblen Rationalitäten aufs Irrationalste zu scheitern, ist so groß wie die soziale Norm, es nicht zu dürfen. Keine Störung ist folgenreicher und verhängnisvoller als der begangene Fehler. Ein Fehler ist die Störung der konfektionierten Funktionalität. Der zeitgenössische Mensch ist fehlerfixiert und angstbesetzt. Aus dieser Fixierung auf die Angst, Fehler zu begehen, entstehen ebensolche. Wer verliert, ist nicht einfach nur ein Verlierer. Er ist gleich ein Versager. Als Versager gilt der, der die Last der Eigenverantwortung nicht schultern konnte und unter den Ansprüchen zusammenklappt. Wie auch immer die Umstände waren, er als Individuum hat versagt.

Der deutsche Zeitgenosse im Speziellen hat, von Generation zu Generation weitergetragen, eine Erziehung erlebt, die dem Einzelnen Zurückhaltung, Disziplin und Selbstkritik auferlegt und Selbstliebe und Stolz verpönt. Deshalb generiert er Stolz und Selbstachtung nicht um seiner selbst willen, sondern indem er die Ansprüche erfüllt, die an ihn gestellt werden. Er versucht, sich ständig mit einem 360-Grad-Blick nach allen Seiten abzusichern, um ja keinen Fehler zu machen, in einer Zeit, da das Reden schwierig geworden ist, weil die Sprache der Gefühle verlernt wurde und die Rhetorik des Sieges eine Rhetorik des Lügens ist. (Diese Tatsache wird übrigens tragischerweise am deutlichsten im Wettkampf der Parteien: wenn Politiker offensichtliche Niederlagen zu großen Siegen hinaufschwätzen, entweder weil der Verlust der eigenen Partei bei einer Wahl kleiner war als jener der Gegner oder weil er nicht so groß ausfiel wie erwartet. Hier liegt eine der Keimzellen für die Erosion des Anstands: Repräsentanten des Volks, deren Wir-sind-immer-Sieger-Rhetorik derart durchschaubar und diskursethisch pubertär ist, sollten ihr Bettchen in unbelüfteten Parteizentralen aufstellen und das Haus nie wieder verlassen.)

Die Perfektionierungsindustrie tut alles, um Störungen zu vermeiden und stattdessen Sehnsüchte zu stimulieren, die es noch gar nicht gibt oder über die wir, sollten sie unbewusst heranschwappen, bewusst nicht im Bilde sind. Uniformierte Sehnsüchte lassen sich besser anzapfen. Nach dem Abzapfen werden die Inhalte gewechselt und andere Bedürfnisse geweckt, stimuliert und abgeschöpft. Werbeagenturen sind die Herrscher über derlei Sehnsüchte und Träume; keine Macht ist subtiler, perfider und erfolgreicher als diese mit psychologischer und medientechnisch ausgefeilter Raffinesse arbeitenden Sehnsuchtserfüllungsagenturen. Mit enormem Budget ausgestattet, steuern ihre PR-Agenten im Auftrag ihrer Kunden die Bedürfnisse des Konsumenten und lassen sie aussehen wie selbst gewollt. Marketing zielt darauf, eine Marke ins Bewusstsein potenzieller Konsumenten zu schleusen, sie einzubrennen. Die Marke wird nicht an den Bedürfnissen der Konsumenten ausgerichtet, sondern die Bedürfnisse der Konsumenten werden markenkompatibel stimuliert.

In diesem individualökonomischen Gesamtzusammenhang soll das *unternehmerische Selbst* nun seinen eigenen Aktienkurs bestimmen, für dessen Aufstieg oder Verfall es naturgemäß auch selbst verantwortlich ist. Während ihm dabei höchste Sichtbarkeit abverlangt wird, bleibt die Waffe der Unternehmen ihre Unsichtbarkeit. Der Einzelne soll ständig Aufmerksamkeit für sein unternehmerisches Selbst erregen, das Unternehmen als Corporate Identity aber bleibt unerkennbar. Ständig wechselt es den Geschäftsbereich, gliedert Teile an Subunternehmen aus, schafft neue Images. Rückführbar ist es vielleicht nur noch auf ein Hauptquartier, wo über Strategien und Investitionen entschieden wird.

Die hoch gelobte Wahlfreiheit des freien Ichs ist letztlich das Resultat einer auf Reiz-Reaktions-Schemata, Wirkung und Wirksamkeit abgestimmten PR-Strategie. In dem Moment, da Marketing zur Geisteshaltung wird, steht im Zentrum des Verkehrs zwischen Markt und Mensch nicht der Mensch, sondern das Produkt. Der Mensch wird marktgängiges Humankapital. Doch er, der Mensch an sich, ist zu schwach für den Markt, weil der Markt an sich den Menschen nicht braucht. Der Markt braucht ausschließlich den Verkehr. Deswegen ist der Markt als Verfahren nicht notwendig falsch. Aber der Wert einer Leistung oder der Wert des Menschseins reduziert sich bei Allgemeingültigkeit von Marktgesetzen auf zähl- und also vergleichbare Funktionalität.

Der Mensch, der sich selbst zum Produkt macht, wird als Produkt gehandelt. Er muss nicht mehr nachdenken und nachsinnen, weder seine Sinne schärfen noch sich einfühlen. Als Mensch ist er nicht mehr gefragt. Er ist austauschbar und ohne spezifischen Wert. Für den Einzelnen ist das eine unerhörte Kränkung.

32.

Ein für den aktuellen Zerfallsprozess typischer Denkfehler ist die Denunziation des Systems.

Das System wird infrage gestellt, sobald seine Funktionstüchtigkeit eingeschränkt ist. Infrage stellen es die, die den Rückgang jenes Wohlstands beklagen, der eben gerade durch dieses

System geschaffen wurde. Ein System aber ist nicht schuldfähig. Schuldfähig sind seine Betreiber. System- und Schuldebatten sind ein genuin deutsches Phänomen. In Deutschland ist *das System*, flankiert von intakten Ideologien, eine Art Heiligtum, in dessen abgeschlossenen Tempelbezirk man als systemüberschreitender Geist nicht ungestraft einmarschiert. Systeme entsprechen der deutschen Neigung zu Geschlossenheit und Disziplin. Sie geben Halt. Sie brauchen Ordnung. Sie müssen berechenbar, also klar definiert sein. Wichtiger als richtiges Handeln im entsprechenden Moment ist die Frage, ob dieses Handeln auch systemkonform ist.

Fernab jeder marktradikalen Ideologie und ohne dass dies als Blaupause für Ausbeutung und Ungerechtigkeit gemeint wäre, ist es an dieser Stelle doch sinnvoll, eine Lanze für den Kapitalismus zu brechen. Der Kapitalismus als soziales und kulturelles Ordnungssystem ist nicht in der Krise, weil er als System kein handelndes Subjekt ist, welches zum Objekt einer Krise werden könnte. Die wohlfeile Verunglimpfung *des Systems* ist verlogen und intellektuell unredlich, weil man sich nicht den Grundgedanken, sondern den Entartungen ihrer Umsetzung zuwendet und das System in Sippenhaft nimmt.

Auch wenn der Einzelne dem kapitalistischen System, seinen Zwängen und Kräften ausgeliefert ist – es ist ohne Zweifel die dynamischste Gesellschaftsordnung, die je ermöglicht wurde. *Der Kapitalismus*, gänzlich undifferenziert als Idee betrachtet, entspricht von allen ersonnenen Ordnungssystemen (und vielleicht per se) am ehesten dem evolutionären Streben des Menschen nach Steigerung und Besitz. Oder ist die menschliche Neigung zum Besitz erst durch die kapitalistische Erziehung erfolgt, und er, der Mensch an sich, besitzt kein Eigentumsinteresse? Wer immer diese anthropologische Gretchenfrage entscheiden möchte – hier wird eine augenfällige Äquivalenz als gegeben vorausgesetzt: dass nämlich der Kapitalismus dem Wesenszug des Menschen entspricht, das Unbekannte denken und aus dem Ergebnis für sich Kapital schlagen zu wollen. Als Verfahrensform verhandelt *der Kapitalismus* individuelle Träume von Unsterblichkeit, Unbegrenztheit und Maßlosigkeit. Ohne Individualität kein Kapitalismus und ohne kapitalistischen Geist kein Individualismus. Je radikaler der Individualismus, desto radikaler der Kapitalismus.

Das Gesetz des Kapitalismus ist er selbst durch sich selbst. Einzige Bedingung dieses Gesetzes ist die Anerkennung seiner Freiheit. Der Kapitalismus ist per se frei und bringt Freiheit hervor. Ohne Freiheit, die auch unternehmerische Freiheit ist, kann kein Land dauerhaft Wohlstand generieren. Kapitalismus und soziale Markwirtschaft sind zwei verschiedene und dennoch aufeinander bezogene Dinge: Kapitalismus ist eine Geisteshaltung, Marktwirtschaft ein Verfahren. Kapitalismus ist also im Grunde die Software der sozialen Marktwirtschaft. Dass im Kapitalismus als Geisteshaltung eine Dynamik der Maßlosigkeit steckt, weil er auf der Dynamik des menschlichen Strebens aus sich heraus beruht, steht auf ebenjenem Blatt, auf dem jetzt mit sichtbarem Rotstift die Korrekturen zu vermerken sind.

Der Kapitalismus, per definitionem ruhelos, getrieben, rastlos auf der Suche nach Erweiterungsmöglichkeiten auf ungekannte Felder, die er kolonialisieren könnte, ist clever genug, sich Kritik an ihm kurzerhand einzuverleiben, um dieselbe dann durch Kapitalisierung zu neutralisieren. Die französischen Soziologen Ève Chiapello und Luc Boltanski haben eine Art Grundgesetz dieses »neuen Kapitalismus« formuliert: Welche Form er annimmt, hat immer damit zu tun, welchen Formen von Kritik er ausgesetzt war. Insofern vollzieht *der Kapitalismus* mustergültig, was er von jedem seiner Teilnehmer verlangt: permanente Flexibilität. Etikettenschwindel kann man ihm als Letztes vorhalten.

33.

Seit zweihundert Jahren ist der Kapitalismus eine Erfolgsgeschichte von Wohlstand und Wachstum.

Diese Feststellung kann nicht ernsthaft bestritten werden – nicht dann jedenfalls, wenn man Empirie der Ideologie vorzieht. Seit den Achtzigerjahren, als der freie Markt zum herrschenden Ordnungsprinzip westlicher Industriegesellschaften wurde, ist der Lebensstandard in vielen Ländern der Welt messbar gewachsen. Gemäß den Studien der Harvard-Universität ist das Pro-Kopf-Einkommen der Weltbevölkerung (und sollte und kann dies nicht die einzig seriöse Bemessungsgrundlage für ein gutes oder schlechtes System sein?) von 5400 auf 8500 Dollar gestiegen, inflationsbereinigt. Bei Verdoppelung der Weltbevölkerung von 3,7 auf bald 7,2 Milliarden Menschen seit 1970 wird sich in einigen Jahren die Zahl derer, die weltweit unterhalb der Armutsgrenze leben, halbiert haben. Seit 1970 fiel die Rate der Kindersterblichkeit, die Lebenserwartung der Alten stieg, und zwischen den Ländern nahm die Ungleichheit in den Einkommensniveaus ab. Global gesehen, hat die Globalisierung, die internationale Arbeitsteilung durch Entgrenzung, den Ländern der Erde insgesamt mehr, einigen gar großen Wohlstand gebracht. Dass manche Länder stärker profitieren als andere, liegt in der Natur der Sache. Das Massachusetts Institute of Technology (MIT) in Boston hat in einer weiteren Studie 56 Staaten verglichen und kam zu dem Ergebnis, dass jene, die ihre Finanzmärkte liberalisiert haben, ein höheres Pro-Kopf-Einkommen erzielten als solche, die ihre Finanzmärkte entweder schützten oder durch planwirtschaftliche Ideologien hemmten. Der rasante Aufstieg soziokulturell sehr unterschiedlicher Regionen zeigt seit Jahren, dass es unterschiedliche Arten des Kapitalismus gibt und man folglich von *Kapitalismen* sprechen müsste: vom rheinischen Kapitalismus deutscher Prägung etwa, dem Wall-Street- oder Kasino-Kapitalismus, dem Private-Equity-Kapitalismus, dem sogenannten Tigerstaaten-Kapitalismus Südostasiens oder dem chinesischen mit autoritärer Steuerung. Die Geisteshaltung ist dabei stets die gleiche. Verändert haben sich die Formen des Verfahrens.

34.

Kein Markt ist perfekt, weil jeder Markt, um Markt zu sein, von unberechenbarem Kapital lebt.

Um einen Allgemeinplatz abermals in Erinnerung zu rufen: Freies Kapital ist deswegen frei, weil es sich im freien Spiel der Kräfte in einer für alle gültigen Ordnung behaupten muss. Es nimmt teil am Wettbewerb von Wertzuschreibungen, die durch die Konsumenten, uns Menschen also, festgelegt und bezahlt werden. Durch diese Freiheit ist das Kapital unberechenbar. Der Markt als Forum der potenziellen Teilnahme eines jeden produziert nicht Freiheit, sondern setzt Freiheit voraus, die er durch ihren Gebrauch bestätigt. Er ist per definitionem frei, weil er ohne die Freiheit und Freiwilligkeit seiner Teilnehmer nicht funktionieren würde. Weil er Freiheit voraussetzt, ist der Markt in sich sittlich gut, auch wenn er sittlich fragwürdige Exzesse zulässt. Dass die Betreiber des Systems in sich unsittlich handeln, ist nicht dem System anzulasten.

Bereits die Begründer der klassischen Tradition der Nationalökonomie, Adam Smith, David Ricardo, Thomas R. Malthus und später John Stuart Mill, antizipierten das Elend bestimmter Gruppen in kapitalistischen Ordnungen und prophezeiten schwere Wirtschaftskrisen. Aber was wäre die Alternative zu einem System, das dem menschlichen Wesen so passgenau entspricht? Die dem Kapitalismus eigenen Defekte, neuerdings in der Variante von Spekulation, Ratingagenturen, Kapitalisierung von Schuldbriefen und der Bildung von Oligopolen, sind von Karl Marx ja durchaus richtig erkannt und beschrieben worden. Ist aber somit zugleich Marx' moralisierende Mission richtig, alle Ordnung zu zerschlagen und durch Revolution eine Diktatur des Anti-Kapitals zu errichten, um, stets im Banne der Freund-Feind-Ideologie, die Klasse derer, die Ehrgeiz und Eigentum haben, zu unterdrücken – sofern überhaupt noch von Klasse gesprochen werden kann?

Wer den Kapitalismus nicht disziplinieren und zähmen, sondern gleich abschaffen will, wie es anlässlich seiner aktuellen Krise vor allem sehr linker Hand zu hören ist, sollte sich nach einem sicher kenntnisreichen Blick in die Geschichte kurz in Erinnerung rufen, dass alle Formen sozialistischer, kommunistischer oder philanthropischer Reformen seit den ersten frühsozialistischen Utopien der 1820er-Jahre gescheitert sind. Sie sind es deswegen, weil sie aus einer durch nichts legitimierten *höheren* Erkenntnis heraus mit oktroyierten Mitteln den angeblich richtigen Menschen erziehen, ihn formen und zu seinem Glück führen wollten. Aber hat man, wenn man die Verhältnisse ändert, unter denen der Mensch lebt, auch die evolutionären Grundkonstanten des Menschen verändert?

»New Lanark«, die Mustersiedlung von Robert Owen in Schottland, des bedeutendsten aller Frühsozialisten, war ebenso erfolglos wie seine später initiierten Konsumgenossenschaften und die Siedlung »New Harmony« auf amerikanischem Boden im Jahr 1827. Die »Neue Welt« des Charles Fourier kommt ebenso wenig über den Status der Theorie hinaus wie das utopische »Ikarien« des Rechtsanwalts und Revolutionärs Etienne Cabet um 1840: eine brüderlich-kommunistische Gesellschaft in uniformen Kleidern und standardisierten Häusern, die ohne Geld und Eigentum funktionieren soll. Es ist ein Projekt, das kurz nach seinem Beginn daran zugrunde geht, dass jede Handlung und Regung minutiös geregelt und geplant werden muss. Diskussionen, Streit, Pluralismus, Dissens, Widerspruch, Repräsentation – die Regungen eines vitalen Geistes in Freiheit – sind in »Ikarien« nicht vorgesehen. Wie die organisierte Zerschlagung des bürgerlichen Staates und seines Parlamentarismus zugunsten einer offen deklarierten Diktatur schließlich in einer Sackgasse endet, hat das 20. Jahrhundert im Osten Europas so eindrücklich wie leidbringend gezeigt. Dort hat sich bekanntlich die in der Herrschaft der proletarischen Klasse praktisch gewordene Utopie der revolutionären Befreiung des Arbeiters gegen den *Menschen an sich* gewandt und sich historisch hinreichend diskreditiert. Die politische Frage, ob die uns bekannten planwirtschaftlichen Staaten nicht allesamt Unrechtsstaaten waren, ist damit noch nicht einmal gestellt.

Der Staat jedenfalls, das dürfen wir dieser Krisentage erkennen, ist gerade nicht »Handlanger der Bourgeoisie«, wie Marx sagte, sondern, im Gegenteil, ein Interessenverwalter der Geschädigten, der Milliarden investiert, um Arbeitsplätze zu erhalten. Mit seinen Rettungspaketen, Konjunkturprogrammen und Abwrackprämien hat *der kapitalistische Staat* genau das getan, was marxistischen Systemstürzlern und Staatsverächtern jeden Wind aus den Segeln nimmt: Er hat auf das Defizit gesetzt, um mit öffentlichen Geldern die unzulängliche Kaufkraft der arbeitenden Massen zu kompensieren. Im Grunde ist die Antwort vieler Regierungen westlicher Kapitalismusgesellschaften auf die Krise – ein quasisozialistischer Dirigismus – eine Widerlegung marxistischer Annahmen durch das kapitalistische System selbst.

35.

»Links« ist »out«, bevor es je wieder »in« sein könnte.

Systemvandalen und Verbalhasardeure profitieren deswegen nicht von der Krise, weil die Krise weder moralisch noch ideologisch, sondern nur sachlich zu bewältigen ist. Allzu selbstverständlich wäre die Forderung, derjenige, der die Verhältnisse attackiert, müsse auch *stante pede* eine Skizze jener Umstände liefern, die er für vorbildlich hält. Wer behauptet, die Welt sei schlecht, steht in der argumentativen Bringschuld zu erklären, was genau er unter »gut« versteht. Und wer wollte sagen, er wisse, wann etwas »gut« und wann etwas »schlecht« sei? Und warum überhaupt sind Verhältnisse »schlecht«, die, weltweit betrachtet, bei Verdoppelung der Weltbevölkerung zu einer Halbierung der Zahl derer geführt haben, die unterhalb der Armutsgrenze leben?

Dezidiert linke Parolen sind deshalb seit einiger Zeit in Mode, weil sie stimmungsabhängige Massensehnsüchte ansprechen und Massenängste aufgreifen – obwohl es die Umstände, auf die sich diese Parolen beziehen, als solche gar nicht mehr gibt: das produzierende Gewerbe und eine stabile Zahl industriebeschäftigter Arbeitnehmer. Die Arbeiter der klassischen Arbeiterbewegung, mit Bildungsaspirationen und Aufstiegsstreben, existieren kaum noch.

Die Realität ist komplizierter und die radikale Linke im Grunde reaktionär. Sie macht es sich zu leicht, weil sie aus der zementierten Ideologie heraus den klassischen Gegensatz – den Gegensatz der Klassen – nach wie vor zur intellektuellen Grundlage erhebt. Sie reagiert auf den Verlust scheinbar paradiesischer Verhältnisse mit der Forderung, ebenjene Ordnung abzuschaffen, die diese Verhältnisse überhaupt erst ermöglicht hat. Wenn nach einer populären Sicht der Dinge heute »links« ist, wer sich weigert, die Frage nach der Gerechtigkeit einfach dem Markt zu überlassen, dann heißt »links« folglich: die Regelung von Gerechtigkeit. Jede Regel hat die Schwierigkeit, ihre Legitimation aus sich selbst begründen zu müssen. Jede Regel zieht ihre Sanktion nach sich. Wer also darf Regeln für wen mit welchen Folgen festlegen? Manche fordern, der Staat müsse dem freien Markt ein Korsett anlegen, klagen aber zugleich, wenn staatliche Regeln sich gegen das Regime individueller Selbstverwirklichung richten. Die Einführung von Regeln hat mit der Weltanschauung zu tun, besser noch: mit der jeweils politischen Haltung derer, die die Regeln fordern. Jeder könnte nun alle Regeln der Welt fordern, weil jedem irgendetwas nicht passt. Manche Forderungen würden mit denen ähnlich Denkender konform gehen, also gäbe es womöglich einige Regel-Cluster. Aber Demokratie ist eine politische Ordnungsform, in der die Mehrheit entscheidet – im Idealfall durch Überzeugung mittels besserer Argumente. Gibt es keine Argumente, entscheidet das Verfahren, nicht die Ideologie. Eine Verfahrensdemokratie ist allemal gerechter als Despotismus mit Heilsversprechen.

Es reicht ja keineswegs zu sagen, die Weltwirtschaftsordnung müsse *gerechter* werden – ja nun, dem würde jedes sprachbegabte Tier zustimmen. Selbstverständlich ist es nie gerecht genug. Die interessantere Frage ist: Wie konnte es kommen, dass das kaufmannsethische Sensorium der Ehre, des Anstands und Respekts derart verloren ging? Zuletzt war ja nicht mehr klar, wer wann ehr- und anstandslos handelt, weil es kein anderes, äquivalentes Subjekt gab, zu dem er sich hätte in ein Verhältnis setzen können. In einer fiktiven, geradezu selbstreferenziellen Welt ohne Adressaten, in der Transaktionen in einem Wildwuchs aus Derivaten wurzeln, ist Rückbindung an reale Güter unmöglich. Schätzungen zufolge hat sich in den vergangenen Jahrzehnten die Geldmenge auf dem Globus vervierzigfacht, die reale Gütermenge hingegen nur vervierfacht.

Kann es also sein, dass sich der Mensch seiner eigenen Freiheit als unwürdig erwiesen hat? Dass er sich mit hoher Irrationalität in den Exzess hat hineinemotionalisieren lassen? Und dass, je stärker sich das System in die Maßlosigkeit manövriert hat, eine neue Geisteshaltung entstanden ist – abgekoppelt vom alten, kapitalistischen Kaufmannsethos, nach dessen Weisheit das nachhaltige Wirtschaften von heute der Humus für den Erfolg von morgen ist? Kann es sein, dass ethische Korrektive gerade deswegen verloren gegangen sind, weil das System derart erfolgreich war, dass einige wenige seiner Betreiber im Rausch der Selbsterhebung vergaßen, die Verhältnisse zu wahren?

36.

Der simplizistischen Rhetorik der Systemumstürzler entspricht ihr simples Unwissen.

Am Beispiel des Wortes »neoliberal« lässt sich das trefflich illustrieren. Im Zuge der wohlfeilen Diskreditierung *des* Marktes und *des* Kapitalismus als »neoliberal« muss man genau klären, was dieser Begriff überhaupt besagt. Das Wort *neoliberal* ist zum Symbol einer prärevolutionären Kampfbegriffsagenda avanciert, die den Sinn des Begriffs vollkommen missversteht. Eigentlich dient die Idee des Neoliberalen der Befreiung des Menschen. Sie entstammt dem intellektuellen Reservoir der klassischen Nationalökonomie. Name und Geist des »Neoliberalismus« wurden als Antwort auf die kollektivistischen Ideologien des Sozialismus, Nationalsozialismus und Faschismus ersonnen, als sich im August 1938 im Pariser *Institut International de Coopération Intellectuelle* 25 Denker, Wirtschafts- und Sozialwissenschaftler zusammenfanden, um die absterbende Idee liberaler Wirtschaftspolitik zu reanimieren. Für den Heidelberger Sozialwissenschaftler und Ökonomen Alexander Rüstow, der auf dem Kolloquium den Begriff »Neoliberalismus« prägte, war die Marktwirtschaft stets Mittel zur Verwirklichung einer christlich-humanistischen Ethik. »Wer sich zu einem starken Staat bekennt«, befand Rüstow, bis zu seinem Tod 1963 Ehrenvorsitzender der Aktionsgemeinschaft Soziale Marktwirtschaft, »muss liberale Wirtschaftspolitik wollen, und wer liberale Wirtschaftspolitik für richtig hält, muss den starken Staat wollen.« Wie die herausragenden Vertreter dieses Denkens in den Vierzigerjahren – Friedrich August von Hayek und Walter Eucken – plädierte auch der *spiritus rector* der sozialen Markwirtschaft, der bekennende Katholik Alfred Müller-Armack, für die Zähmung der Wirtschaft durch Rahmenregeln.

Man muss immer wieder deutlich in Erinnerung rufen, dass *der Neoliberalismus*, der unter dem Namen »Ordoliberalismus« zur wesentlichen Grundlage der sozialen Marktwirtschaft in der deutschen Nachkriegsrepublik aufstieg, von Beginn an im christlichen Glauben wurzelt und genau das Gegenteil dessen im Blick hatte, was ihm heute vorgeworfen wird. Der Kerngedanke eines von christlicher Sozialethik geprägten Unternehmertums besteht seit jeher darin, den Mitarbeiter nicht als reinen Produktionsfaktor, sondern als Person mit Wert und Würde zu begreifen. Es wäre wahrlich fatal zu vergessen, dass der Wohlstand Europas – also eben auch der maßlos und ohne Verankerung im Realen errichtete Wohlstand, dessen Zerfall jetzt beklagt wird – erst möglich und ermöglicht wurde durch liberale, notabene: neoliberale Marktwirtschaft. Um es zuzuspitzen: Das Problem aller Exzesse ist nicht der neoliberale Kapitalismus als Geisteshaltung, sondern die Ökonomisierung des Geistes als Haltung dem Leben gegenüber.

37.

Die Frage nach Zukunft ist eine Frage nach Freiheit.

Der utilitaristische Wert bemisst sich am Nutzen einer Handlung: Gut ist, was der »größten Zahl das größte Glück« beschert. Diese Formel wurde von Jeremy Bentham, dem Begründer der utilitaristischen Ethik, geprägt und wenig später durch den »Apostel der Freiheit«, den Engländer John Stuart Mill, popularisiert. Mill, Journalist, Jurist und politischer Philosoph, war der führende Kopf des Liberalismus im 19. Jahrhundert und hat bis in unsere Tage hinein eine enorme Wirkmächtigkeit. Seine große Furcht galt der Fremdbeherrschung des Einzelnen durch die Gesellschaft. Das heißt vor allem, das Individuum vor einem »Terror der öffentlichen Meinungen«, vor dem gesellschaftlichen Druck zur Konformität zu retten. Obwohl Mill das Individuum als Alleinvertretungsinstanz seiner selbst betrachtet, liegt seiner epochemachenden Schrift *Über die Freiheit* von 1859 die Überzeugung zugrunde, dass es ohne eine an den Erfordernissen der Gemeinschaft orientierte Bindung keine individualistische Freiheit geben könne. Das ist bemerkenswert. Seltsam veraltet und dennoch höchst aktuell ist Mill in der Variation seines Grundgedankens: Er will das Individuum vor der Aufrüstung der Gesellschaft retten.

Heute aber geht es darum, die Gemeinschaft vor der Zurüstung des Individuums zur verselbstständigten Monade zu retten. In beiden Fällen dreht es sich um die Fundamente der Freiheit. Bis zu diesem Punkt sollte klar geworden sein, dass das Nachdenken über die nächste Gesellschaft keinesfalls in der Forderung nach Abschaffung oder Wechsel des Systems münden kann. Der Liberalismus und der kapitalistische Geist bleiben die wünschenswerteste Ordnung für jedes Individuum, das nun aufgerufen ist, gemeinsam mit allen anderen Ichs seiner Entmenschlichung entgegenzuwirken und sein Bewusstsein dafür zu schärfen, was es heißt, Demokratie neu zu beleben.

Die Frage nach Zukunft ist wieder eine Frage nach Freiheit.

2. Teil

Die neue Sehnsucht nach Rückbindung

38.

Die Gesellschaft muss einen neuen Sinn für Gemeinschaft finden.

Zu suchen ist jetzt eine neue Grammatik der Vermittlung zwischen Individuum und Gemeinschaft, zwischen Bürger und Staat, Politik und Bevölkerung. Eine Sprache der republikanischen Rhetorik und ansprechenden Kommunikation, die ins Gespräch setzt, Vergemeinschaftungserlebnisse schafft und Gemeinschaftsräume öffnet. Zwar leben wir in der Endmoräne des radikalen Individualismus, aber auf das Individuum an sich kommt es schon lange nicht mehr an. Der Einzelne bleibt sich überlassen. Seine Unfreiheit beginnt, wo er in seiner Selbstwahlmöglichkeit behindert wird, und sie endet in der Weigerung einer kulturellen Ordnung, ihn als aufgeklärtes, wissendes Mitglied der Gesellschaft zu begreifen.

Für die Gemeinschaft kann die Lehre aus dem Paradoxon der unfreien Freiheit nur lauten, künftig jeden einzelnen Menschen in höchster ethischer Sensibilität für das Gemeinwohl zu erziehen. Eine Gesellschaft, die sich in einzigartiger Verantwortung für ihre Geschichte der Menschentilgung dem Individuum und seinem Schutz verschrieben hat, die dem Individuum die höchsten Werte zuerkennt, die seine Rechte schützt und seine Unantastbarkeit garantiert, muss es schaffen, jedem Kind ein Gefühl für die Gemeinschaft mitzugeben. Dabei kommt es sehr wohl auf jeden Einzelnen an, auf jeden Deutschen und auf jeden Türken, Pakistani, Portugiesen und Polen, alle, die im Rahmen Deutschlands leben und sich innerhalb dieses Rahmens, auf dem Untergrund der Verfassung und ihres Geistes, bilden. Es kommt auf die Leistungs*bereitschaft* und den bürgerschaftlichen Willen der Migranten an und darauf, ihre Leistungs*fähigkeit* für den langfristigen Wohlstand der Republik einzusetzen. Jeden einzelnen Bürger ethisch zu erziehen heißt auch, jeden Nachfrager und Anbieter für die Verantwortung seiner eigenen Freiheit zu sensibilisieren. Das könnte geschehen, wenn jeder Bürger die redliche Aussicht hätte, Teilhaber an der Gemeinschaft zu werden, indem er Teilhaber am Gemeinwohl wird. Er erhält eine Aktie am Besitz der Gemeinschaft, deren Wertsteigerung in der Steigerung des Werts der Gemeinschaft besteht, von der wiederum jeder Einzelne profitiert.

Wie solcherart Partizipation organisiert werden kann, ist freilich fraglich. Ein Satz aus dem Koran (Sure 5, Vers 32), der ähnlich schon im jüdischen Talmud zu finden ist und in geistiger Verwandtschaft zum Christentum steht, könnte in der Wucht seines symbolischen Pathos der nächsten Gesellschaft als humanistisches Leitmotiv dienen: *Wer einen einzigen Menschen rettet, der rettet die Menschheit.*

Gibt es, um endlich Theodor W. Adorno Reverenz zu erweisen, ein richtiges Leben im falschen? Und wenn ja, ist dann nicht der einzelne ethische Mensch die einzig sinnvolle Ressource jedes richtigen Lebens? Womöglich muss man dafür die allergrößten Begriffe neu konjugieren, die den Nukleus einer liberalen, humanistischen Demokratie bilden: Freiheit, Partizipation, Sittlichkeit.

Kann es aber in Gesellschaften, in denen für jeden Wert ein Gegenwert bereitsteht, in denen jede Norm zugleich ihre Gegennorm hervorbringt, kann es in einer über Verfahren und ökonomische Prozesse organisierten pluralistischen Weltgesamtverwaltung überhaupt Werte geben, die alle einen? Oder besser: ein Wertgefüge, in dem sich alle wiederfinden können? Oder eine soziale Identität, die zu einem gemeinschaftlichen Projekt wird? Oder eine Vision republikanischer Gesellschaft, welche über punktuelle Gemeinschaftserlebnissse wie eine Fußballweltmeisterschaft hinausgeht?

So wartet im Ausnahmezustand der die Gegenwart absorbierenden Fundamentalkrise, nach der selbstverschuldeten Dekadenz, die historische Frage nach dem öffentlichen Geist oder dem Geist des Öffentlichen – nach dem, was Montesquieu *virtù* nannte, nach einem Geist *für die* Gemeinschaft, der zum Geist *der* Gemeinschaft wird.

Der Mensch von heute wählt sein Leben ohne metaphysische Verheißung auf Erlösung, ohne spirituelle Tröstung, ohne institutionelle Gängelung. Leben wird zum Reagieren im Hier und Jetzt, da das »Jetzt« immer rascher zum Vorhin wird und die Zeit zum kostbarsten Gut einer in die Besinnungslosigkeit gehetzten Gesellschaft, die nicht mehr weiß, worin ihr Glück besteht, wenn das Leben, wie alle täglich erfahren, ohnehin schneller vergeht, je älter man wird. Im permanenten Spiegel seiner selbst, der ihm das Bildnis eines leeren, erschöpften, selbstvergessenen Atoms zeigt, wird das zeitgenössische Individuum zu erkennen haben, dass es – einsam, verlassen, um seine Freiheit betrogen und auf sich zurückgeworfen – ohne Rückbindung an die Gemeinschaft verloren sein wird.

39.

Mit der Weltfinanz- oder gar Weltwirtschaftskrise vollendet sich eine Epoche.

Im Moment der höchsten Überreizung setzt, wie immer in der Geschichte, verlässlich die Dekadenz ein. Die Erzählung vom radikalen Individualisten, der sich stets aufs Neue erfindet und sich mental wie körperlich auf ein perfektes Ideal hin optimiert, ist auserzählt. Die Logik der Entgrenzung, die fraglos plausible Rationalität permanenter Steigerung, hat sich selbst abgeschafft. Nun ist das überdehnte Individuum einsam mit der Frage konfrontiert, wer es eigentlich ist, welcher sozialen Identität es angehört, worin es gebettet ist. Es steht in keinen übergeordneten Zusammenhängen mehr, und es gibt keine neuen Zusammenhänge, in deren Gewebe es sich einfädeln könnte. Seine Illoyalität dem Wir gegenüber hat es aller Bindungen enthoben.

Ein spannender Zustand der Neuschöpfung.

Jetzt rächt sich, dass wir jenseits von Investition und Rendite keinerlei Begriff dafür haben, was »liberal« bedeuten könnte. Es gehört zur faszinierenden Unfähigkeit westlicher Intellektualität, keine tragfähigen Ideen beisteuern zu können, wie denn die individuelle Freiheit im vergorenen Spannungsfeld zwischen Entgrenzung und Optimierung zurückzugewinnen sei.

Die ökonomischen Theorien und philosophischen Erklärungen, die zur Deutung unserer Existenz noch immer bemüht werden, sind Theorien und Erklärungen des Mangels von einst: des Mangels an Freiheit, Wohlstand und Selbstverwirklichung. Mangel-Theorien haben nur einen klaren Begriff davon, was sich ändern müsste: Der Arme müsste am Wohlstand partizipieren, der sozial Ungleiche einen Zugewinn an Freiheit erhalten, der Fremdbestimmte größere Autonomie gewinnen.

Wir aber müssen vom Zeitalter der Fülle aus rechnen. Freiheit, Wohlstand, Selbstbestimmung – all das war da und war es in großer Fülle. Mit Fülle und Reichtum umzugehen ist eine große Kunst, seinem Verfall in der Krise vernünftig zu begegnen die große Herausforderung für die nächste Gesellschaft. Der Verlust von Erreichtem ist, psychologisch betrachtet, ja kränkender als das Nicht-Erreichen von ehrgeizigen Zielen.

Keine der Voraussetzungen, die selbst den Durchschnittsbürgern der Gegenwart ein vor hundert Jahren noch unvorstellbares Maß an Freiheit und Wohlstand, Bedürfniserfüllung und Gesundheit ermöglicht haben, ist heute, im Angesicht des Exzesses der Exzesse, falsch: Individualismus, persönliche Freiheit, verantwortliches Selbst, Chance wie Pflicht zur aktiven Teilnahme am Prozess der Demokratie, Streben nach Verbesserung, sozialer Aufstieg und Wachstum.

Was fehlt, ist Rückbindung.

40.

Die Gesellschaft muss eine tragende Wir-Norm erarbeiten.

Um den unfreien Einzelnen einzuhegen, muss ein neues Narrativ gefunden werden. Ein Narrativ ist eine Meta-Erzählung, eine Art Epos, die die soziale Identität einer Gesellschaft erschafft. Der Nachkriegsmythos *Wirtschaftswunder* ist, wenn nicht bereits in den 1970er-Jahren, spätestens jetzt passé, der Mythos *Wohlstand für alle* intoniert die Melodie der Tempi passati der 1980er- und 1990er-Jahre. Das Narrativ von der *friedlichen Revolution der Vereinigung* hat als gesamtdeutscher Mythos nicht getragen.

Und morgen?

Es ist Zeit nicht für eine abermalige geistig-moralische, sehr wohl aber für eine sozial-ethische Wende. Der zeitgenössischen Wirklichkeit pluralistischer Welt- und heterogener Seinsentwürfe entspricht weit weniger die verpflichtende moralische Norm im Dienste einer Ideologie oder scharf definierten Weltanschauung als vielmehr das subjektiv praktizierte Verhalten des Einzelnen in Verhandlung mit der Gemeinschaft. Jeder Einzelne ist aufgerufen, sich diskursiv an der Neubegründung dieses Narrativs zu beteiligen. Das Ziel der kommenden Jahre sollte sein, eine Charta des Gemeinwohls zu verfassen, in deren Zentrum der Begriff *Rückbindung* steht. Das Gemeinwohl ist nicht durch Traditionen, Gesetze oder Gottheiten geschützt, wie es in früheren Gesellschaften gewesen sein mag. Wie und wodurch also soll es bestimmt und in die nächste Gesellschaft implementiert werden?

Hauptsorge dieser Neubestimmung des Verhältnisses von Individuum und Gemeinschaft bleibt es, Gewalt und ihre archaischen Kreisläufe aus Rache und Ressentiment zu verhindern. Es geht längst nicht mehr um »Rettungspakete«, »Schutzschirme« und »Konjunkturprogramme«. Es geht darum, Prinzipien, die unserem Denken und Handeln zugrunde liegen sollen, neu zu bestimmen und neu aufeinander abzustimmen. Eine der größten Herausforderungen für die Ethik der nächsten Gesellschaft besteht in der Definition dessen, was das Individuum zur »Person« macht, und im Nachdenken über die Frage, wie eine Gemeinschaft autonomer Bürger organisiert werden könnte. Die Koordinaten und Grenzen der »Person« und ihrer Autonomie sind mittlerweile derart verschwommen, dass beträchtlicher Reflexionsbedarf besteht.

Wenn das erklärte und erwünschte Ziel jeder aufgeklärten Gesellschaft ihre unablässig fortgeschriebene Selbstaufklärung ist, scheint es keineswegs schädlich, gerade jetzt eine neue *Wir-Norm* zu entwickeln. Diese *Wir-Norm* leiht dem Verbund atomisierter Individuen sowohl ein operatives Subjekt wie auch ein Ziel – sonst würde Aufklärung um ihrer selbst willen geschehen und ins Leere laufen. Es liegt im Verständnis dieser Streitschrift – die naturgemäß skizzierend anstoßen und keineswegs systematisch ausführen will –, dass das Wesen des Menschen, wie Jean-Jacques Rousseau es definierte, in der Freiheit besteht. Also wird es darum gehen, den Begriff Freiheit neu zu deklinieren. Freiheit kann nicht länger Freifahrt sein, Abschöpfung bis zur Raserei zu betreiben, um sich dann, nach Gefährdung aller anderen Verkehrsteilnehmer, inmitten einer Massenkarambolage in zerknäulten Leitplanken wiederzufinden. Freiheit kann nur die substanzielle Freiheit zur geschwindigkeitsbeschränkten *Wertschöpfung* sein. Wertschöpfung, wenn man es pathetisch will, ist Schöpfung für den Menschen durch das, was dem Menschen zuträglich und gut ist. Wertschöpfung ist das Hervorbringen, das Herstellen und Durchführen von *Wert in Zeit*. Wertschöpfung impliziert immer auch Rückbindung. Rückbindung heißt nicht Rückkehr zu Religion und Gottesglaube, sondern heißt wechselseitige Teilnahme am Prozess einer gemeinsam entworfenen Statik.

41.

Überkommene Moralen bieten keinen Weg aus der Malaise.

Das Individuum, das sich in Tradition stellt, muss nicht notwendigerweise konservativ sein. Konservatismus pflegt zwar das Bekenntnis zur Tradition, wenn Tradition die erhaltenswerte Wertschätzung von Wissen, Urteilen, Erfahrungen ist, also: von moralischen Prinzipien über eine lange, verlässliche Zeit hinweg, die zu einer fraglos plausiblen Weisheit führt, welche irgendwann als »Wahrheit« fungiert.

Ist das wir-entledigte Ich ein unmoralisches? Hilft uns Moral heute weiter? Moralen im herkömmlichen Sinne verhandeln stets Kategorien wie »Schuld« oder »Erlösung«, die von einer höheren Instanz oder Institution erklärt und ausgelegt werden müssen. Sie sind Beschwörungen wertkonservativer Idyllen und verheißen an klare Bedingungen geknüpfte Absolution. Gerichtet wird rückwärtig von einem Standpunkt exklusiver Weisheit aus, wobei weder klar ist, wer wen nach welchen Maßstäben richtet, wodurch diese Weisheit legitimiert ist noch von welchem erhobenen Podest aus sie verkündet wird. Moralen als kollektive Wertvorstellungen einer bestimmten Epoche sind eng an jene gebunden, die diese Wertvorstellungen unterstützen. Die Geschichte zeigt, dass wertgebundene Imperative meist von Machtinteressen bestimmt sind und nicht zur qualitativen Arbeit an der Freiheit beitragen. Moralen sind das Gegenstück zu Argumenten. Sie verfolgen die Agenda einer scheinbar richtigen Ordnung, die deswegen höher ist, weil sie im Besitz transzendenter Wahrheit darüber ist, wie *das Leben* an sich beschaffen und was gut oder schlecht für dieses Leben sei.

Ist nicht die historische Genialität der Freiheit gerade darin zu sehen, dass sich der Einzelne selbst aus den Fängen aller Moralen befreit hat? Moralen bemühen fraglos plausible Rationalitäten vergangener Zeiten. Sie bieten *einen* Modus der Rückbindung an. Weder taugen sie als Korrektiv für die Zukunft, noch sind sie in der Lage, Regeln zugunsten neuer Strukturen progressiv zu ändern. Fehlentwicklungen, ob unerwünscht oder nicht, lassen sich nicht durch einen höheren Aufwand an Moral korrigieren, sondern nur über eine Veränderung des Regelwerks, das für alle gilt.

Wer im Angesicht von Dekadenz und Implosion nach Moral ruft, will nichts mehr als den Rückgriff auf herkömmliche Rezepte – Rezepte, die durch die Realität insofern diskreditiert und widerlegt sind, als sie dieselbe nicht verhindern konnten.

Der Begriff der »Rückbindung« ist unter anderem auf den lateinischen Ursprung des Wortes *re-ligio* zurückzuführen, und zwar im antiken Sinne der Rück-Versicherung der eigenen Tugend an der Frömmigkeit. Religionen als solche sehen in der Tat Rückbindungen an transzendente Größen vor. Damit wäre jede Form der Verbindlichkeit, die einer neuen sozialen Ethik zugrunde liegt, eine der Art nach religiöse. Das bedeutet keineswegs, dass sie eine konfessionsgebundene, also katholische, protestantische oder evangelikale ist. Es sind auch nichtkonfessionelle Arten eines Gemeinschaftsethos zu denken, um dem Zerfall der Gesellschaften entgegenzuwirken.

Da keineswegs eindeutig geklärt ist, was genau »Religion« ist, wodurch sie sich im Gegensatz zu »Religiosität«, der individuellen Spiritualität eines Menschen, definiert, ist es wohl angebracht, unter dem Begriff Religion eine Schnittmenge an Vorstellungen zu verstehen, die menschliches Denken und Handeln über vorschreibende Normen steuern. Bisher mag es so sein, dass die konfessionellen Religionen einen Anspruch auf Alleinvertretung moralischer Normen für das Verhalten der Mitglieder einer Gesellschaft zueinander reklamieren. Kirchliche Religion gilt als Verkörperung des Moralischen schlechthin, mehr noch: Kirche macht seit jeher Moral und die höchste dazu, ohne diese Moral erklären, rechtfertigen oder beweisen zu müssen. Die römisch-katholische Kirche als höchste Institution des moralischen Menschen im christlichen Kulturkreis repräsentiert ja nicht mehr den Einzelnen in seiner jeweiligen

Lebenswelt, sondern in erster Linie die Repräsentation. Nicht nur deshalb müssen die ethischen Vorstellungen, die in der nächsten Gesellschaft gelten sollen, in Verständigung miteinander verhandelt werden – ohne Bezug auf die reine Repräsentation einer übergeordneten Größe. Wenn es um steuernde Normen geht, können es genauso gut auch sozial konstruierte sein. Dann sind sie durch Menschen selbst bestimmt, und da die Menschen dialogisch verfasste Wesen sind, sind sie permanent gezwungen, Erzählzusammenhänge zu finden und zu erfinden, um eine soziale Identität zu entwickeln. Wer sich auf herkömmliche Moralkonzepte beruft, macht es sich zu leicht.

42.

In einer neuen Wir-Norm muss die Handlungsfreiheit des Einzelnen erhalten bleiben.

Nach der Suspension der Realität zugunsten einer virtuellen Wirklichkeit geht es künftig um reale Bindung. Die Möglichkeit eines Sets an menschengemachten Normen ist ein passables Scharnier, von dem aus die sittliche Grundlage eines *Wir-Prinzips* oder einer *Wir-Norm* geschaffen werden kann. Bindungen setzen den Bezug zu etwas voraus. Der Bezug zu etwas oder jemandem stellt ein Verhältnis her. Sich so oder so zu diesem Verhältnis zu verhalten ist eine Frage des individuellen Ethos. Der Einzelne verhält sich entweder zur Gesamtheit oder zum Anderen konstruktiv. Er selbst ist dann Abbild dieses Verhältnisses. *Wie* er sich verhält, ist damit noch nicht festgelegt, nur *dass* er sich verhält. Diese Einsicht ist heute nicht mehr allgemeingültig. Anerkennen wir den Anderen als gleichwertiges Subjekt einer *Wir-Norm*, oder ist er uns herzlich egal?

Was sind die Bedingungen für eine solche Norm, die dem Einzelnen das Höchstmaß an Individualität belässt und ihn dennoch zur Rückbindung an die Gemeinschaft verpflichtet? Die Bindung muss eine bejahende sein und weit über die rein bürokratische der Steuerzahlung, die des Urnengangs am Wahltag oder die der Sozialabgaben für den Generationenvertrag hinausgehen. Letzterer setzt auf Nachhaltigkeit, ohne es explizit zu sagen: Jeder investiert heute in die Gesellschaft, auf dass die Gesellschaft später in sein Leben investiert.

Das normative *Wir-Prinzip* der nächsten Gesellschaft könnte so lauten, wie es John Stuart Mills in seiner Schrift *Über die Freiheit* mustergültig definiert hat: »Dies Prinzip lautet: dass der einzige Grund, aus dem die Menschheit, einzeln oder vereint, sich in die Handlungsfreiheit eines ihrer Mitglieder einzumengen befugt ist, der ist: sich selbst zu schützen. Dass der einzige Zwecke, um dessentwillen man Zwang gegen den Willen eines Mitglieds einer zivilisierten Gemeinschaft rechtmäßig ausüben darf, der ist: die Schädigung anderer zu verhüten. Das eigene Wohl, sei es das physische oder das moralische, ist keine genügende Rechtfertigung. Man kann einen Menschen nicht rechtmäßig zwingen, etwas zu tun oder zu lassen, weil dies besser für ihn wäre, weil es ihn glücklicher machen, weil er nach Meinung anderer klug oder sogar richtig handeln würde.«

Zu bestimmen ist jetzt der *Sozialsinn* des Einzelnen, wenn doch jeder Einzelne den gleichen Wert besitzt, einen Wert an sich, dessen Zuschreibung nicht an äußere Bedingungen, Leistungen oder moralische Bekenntnisse geknüpft ist. Womöglich hilft an dieser Stelle die Kategorie der *Repräsentation* weiter. Repräsentation begreift persönliche Verantwortung für sich durch sich – als Antwort auf die Frage nach dem Wert der eigenen Person für die Gesellschaft.

Verantwortung berührt das persönliche Ethos insofern, als ich mich zu mir und den Verhältnissen, die mich einbetten, so verhalte, dass die Ausübung meiner Freiheit die Freiheit des Anderen weder einschränkt noch infrage stellt. Sollte das geschehen, bin ich mit meinem Namen für die Verletzung der *Wir-Norm* haftbar. In die Praxis umgesetzt, ist Verantwortung nichts anderes als die Bereitschaft, grundsätzlich für Konsequenzen einzustehen, die noch unbekannt sind, also die persönliche, mit dem Namen gekennzeichnete Haftung für Folgen zu übernehmen, die aus der Anwendung meiner individuellen Freiheit entstehen könnten, es aber nicht notwendig müssen. Niemand kann vorhersagen, ob Ziele erreicht werden oder nicht; wer frei handelt, handelt stets im Einzugsbereich des Risikos. Wer nicht riskiert, wagt nicht. Wer nicht wagt, ist nicht frei.

43.

Der Bürger der nächsten Gesellschaft braucht eine neue Definition seines Status zwischen Freiheit und Verantwortlichkeit.

Um das Unbehagen an der Zukunft zu minimieren und dem sozialen Verfall entgegenzuwirken, müsste der Begriff des *Bürgers* neu bestimmt werden. Für eine tragfähige *Wir-Norm* ist dieser neue, veränderte Bürger-Begriff unabdingbare Voraussetzung. Wählen wir, als Ausgangspunkt einer neuen kollektiven Identität, das historisch herausgeschälte freie und selbstverantwortliche Individuum zum Maßstab eines Bürgers der nächsten Gesellschaft, dann wird jeder Einzelne als Repräsentant seiner selbst und der Gemeinschaft verstanden. Jeder Mensch setzt sich in ein Verhältnis zu sich und dem Kontext, in dem er lebt. Er muss sich mit dem Verbund, an den er sich rückbindet, synchronisieren. Um die Art und Weise der politischen Organisation dieser Synchronisierung wird es in der nächsten Gesellschaft gehen.

Der Bürger der nächsten Gesellschaft wird einen anderen staatsrechtlichen und gesellschaftspolitischen Status haben als der Bürger des 20. Jahrhunderts. Heterogenität und Diversität werden die Merkmale der kommenden Epoche sein; homogene Einheiten wie »Volk«, »Leitkultur« oder »Partei« spielen auf lange Sicht kaum noch eine Rolle. Um zu überleben, wird der Einzelne Toleranz und Respekt gewähren müssen, um beides einfordern zu können. Er wird sich in dichteren Räumen an globalen Horizonten bewegen und von anderen Kulturen, Auffassungen, Bewältigungsstrategien und Lebensführungsregeln lernen müssen, weil ständig wechselnde Konstellationen ihn dazu herausfordern. Vor der Kulisse der Globalisierung aufgewachsen, wird er es als normal, wenn nicht unumgänglich empfinden, ständig unterwegs zu sein und geografische wie kulturelle Grenzen zu überschreiten, um auch seine individuellen überschreiten zu können. Der Bürger der Zukunft wird in flexiblen Netzwerken aufwachsen und ihnen einverleibt sein. Netzwerke bringen sich stets aufs Neue hervor: als komplex verwobene Muster in dauernder Dynamik. Mancher Bürger der nächsten Gesellschaft wird zum Pendler zwischen mikrosozialen Einheiten werden, mancher zum Nomaden auf der Suche nach Modulen, an die er andocken kann. Internationalität ist keine Bedrohung, sondern Normalfall, Interdisziplinarität anerkannte Verständigungsweise und Mehrsprachigkeit unhintergehbare Voraussetzung einer komplexen Vernetzung und Koexistenz von Modulen. Der Bürger der nächsten Gesellschaft verkörpert in repräsentativer Verantwortung die *Wir-Norm* seiner Gemeinschaft. Seine Partizipation an ihr geschieht aus Eigeninteresse.

Mehr Gemeinschaft wagen heißt mehr Autonomie schaffen. Weder das *ius sanguinis* noch das *ius soli*, weder Abstammungs- noch Geburtsortsprinzip, taugen für die Verleihung des Staatsbürgerrechts oder für eine Bestimmung der sozialen Identität der nächsten Gesellschaft.

Die *Wir-Norm* hat wenig mit bajuwarischer *Mir-san-mir*-Folklore und noch weniger mit der Peinlichkeit eines *Wir-sind-Papst*-Pathos zu tun, sondern vielmehr mit dem Versuch, ein Projekt zu entwerfen, das die Vision einer Gemeinschaft neuer Bürger verfolgt – jenseits aller bekannten, entweder historisch aussortierten oder kulturell rückständigen Beispiele. Die *Wir-Norm* setzt den Respekt vor der Freiheit des Anderen voraus, die keine Freiheit mehr ist, wenn er, der Andere, durch mein Handeln geschädigt wird. Diese Fremdschädigung verletzt das Prinzip der eigenen Freiheit, die immer dort endet, wo sie die Freiheit des Anderen einschränkt.

Genau das ist in der Finanzmarktkrise geschehen, als Verantwortung verschoben, verlagert, auf das *Andere* übertragen und durch Entkopplung von Haftung und realem Gut virtualisiert wurde. Wer aber mit Eigenkapital oder mit eigenem Namen haftet, agiert vor- und umsichtig. Er agiert im besten Sinne ethisch. Er arbeitet an Loyalitäten.

44.

Das freie Individuum ist letztlich illoyal.

Starke Bindungen hängen von langem Zusammenhalten ab, das wiederum von bewährtem Vertrauen und dieses schließlich von der Loyalitätsbereitschaft des Einzelnen. Der Ermattung der herkömmlichen Institutionen (namentlich der Gewerkschaften, Kirchen und Parteien) unter der Logik der Entgrenzung entspricht eine Ermattung von Loyalitäten unter der Logik der Optimierung. Jedes unternehmerische Selbst ist sich per definitionem selbst am nächsten. Gewinnt es Vorteile durch den Exzess, wird es sich überdehnen. Aus existenzieller Angst vor dem Scheitern wird es nur so lange loyal sein, wie es opportun erscheint.

Der Mensch aber, damit er Person, ein politisches und zugleich sozialverträgliches Wesen sein kann, benötigt dauerhaft das Gefühl von Loyalität. Kein Gut, das weiß jeder Demoskop, ist wertvoller als das Vertrauen des Wählers, das er langfristig verleiht. Vertrauen ist die einzig konvertible Währung, die einem demokratischen Staatsbürger zur Verfügung steht. Vertrauen ist das »Geld«, mit dem er Preise und Werte mitbestimmt, eine Art Kredit, den er vergibt in der Hoffnung, dass seine Investition reife Früchte tragen wird.

Wer einen Kredit vergibt, vergibt einen Vertrauensvorschuss. Das Wort *Kredit* entstammt dem Lateinischen und ist geistig eng an das christliche *Credo* gekoppelt: »Ich glaube *an* …« Wer *an* etwas oder jemanden glaubt, stellt ihn in seine Schuld. Insofern ist die Vergabe eines Kredits ein religiöser Akt der Rückbindung an eine Person, die dadurch in der Schuld steht, das Vertrauen zu rechtfertigen.

Kein kulturelles System funktioniert ohne Vertrauen, und Vertrauen stellt sich nur über Zeit her. Wenn der Kredit die Leihe von Geld und also Vertrauen auf Zeit ist, verbunden mit dem Zins, der in der Zeit wächst – dann ist *Zeit* gewissermaßen selbst Kapital und nicht mehr nur die abstrakte Maßeinheit einer sozialen Übereinkunft dessen, was wir Sekunden, Minuten, Stunden, Tage nennen.

Das sind bereits erste Skizzen einer praktischen Ethik der

nächsten Gesellschaft, die sich wesentlich dialogisch versteht: Sobald das Ich vom Du gebraucht wird, verantwortet es sich dem Anderen gegenüber im Wir. Es gewinnt Selbstwert durch die eigene Verlässlichkeit für Andere. Durch Vertrauen kann es der Angst entgehen, austauschbar, ersetzbar, für den Anderen oder das Ganze nicht nötig zu sein. Selbstbestimmung muss den Anderen so sehr im Blick haben wie das eigene Selbst. Selbstbestimmung auf Kosten anderer ist Freiheitsberaubung und also selbst keine Form der Freiheit.

Wie ist es zu bewerkstelligen, dass Loyalität als Wert an sich gegenüber der Gemeinschaft gilt? Wie sind dauerhafte soziale Beziehungen aufrechtzuerhalten? Auf welches ethische Fundament wollen *Wir* eine neue kulturelle Ordnung bauen? Und inwieweit ist individuelle Freiheit noch länger das Fundament einer rechtsstaatlichen Demokratie?

Atomisierte, illoyale Individuen, die keinen Wert an sich mehr haben und in keinerlei Gemeinschaftsgefühle gebettet sind, sind leicht instrumentalisierbar – diese Gefahr ist nicht von der Hand zu weisen. Für die ökonomische Realität nutzlos gewordene Individuen betreiben mit oder wider Willen die Erosion des sozialen Friedens, vielleicht sogar die Entstehung sozialer Frontlagen bis hin zu denkbaren Bürgerkriegen, die umso härter ausfallen könnten, je weniger die Bürger der Überzeugung sind, im Anderen sich selbst zu erkennen.

45.

Patriotismus ist nicht Nationalismus oder Rechtsradikalismus, sondern bezeichnet ein positives Verhältnis zum eigenen Gemeinwesen.

Die ökonomische Realität der Optimierung hat das zentrale Anliegen der gesamten bürgerlich-humanistischen Tradition ignoriert und geschliffen: dass nämlich jede freie (das heißt nichtdespotische) Regierungsform einer starken Identifikation vonseiten ihrer Bürger bedarf. Das setzt voraus, dass die Bürger einen starken Sinn für die Zugehörigkeit zu ihrem Gemeinwesen haben. »Dieses Solidaritätsgefühl«, meint der dem Kommunitarismus nahestehende kanadische Philosoph Charles Taylor mit Recht, »ist Bestandteil der ursprünglichen Bedeutung von ›Patriotismus‹.«

In Deutschland ist das Wort »Patriotismus« nachhaltig stigmatisiert, was mit einer diffus emotionalen Reaktion auf das Verhängnis des »Dritten Reichs« zu tun hat. Patriotismus und Nationalismus sind jedoch zwei völlig unterschiedliche Sachverhalte: Nationalismus ist eine Fiktion, Patriotismus ein Gefühl. Patriotismus wird gerne denunziert als raunende Beschwörung der Besinnung auf das Germanisch-Eigene, auf die von geneigten Kunst-, Kultur- und Folkloregöttern beschützte Heimat, auf Leitkultur als Trotzgebärde gegen Dekadenz, Nihilismus, Internationalismus und globalen Lebensstil.

Es kommt einer Diffamierung gleich, jemandem, der sich im Sinne einer Zugehörigkeit zum Gemeinwesen als »patriotisch« bezeichnet, mit der Schoah, der Ermordung von sechs Millionen Juden, in Verbindung zu bringen. Zumal ein deutsches Verständnis von Patriotismus sich gerade dadurch definieren könnte, dass *der Patriot* durch beständige Arbeit am Erbe der Schuld, durch Erinnerung und Aufklärung, Unterricht und Gedenken ein positives Verhältnis zu ebenjenem, *seinem* Staat aufbaut, einem Staat, der mit einer noch nie da gewesenen, geradezu vorbildlichen Gründlichkeit den Diskurs über Täter- wie Opferidentität ständig wiederbelebt und über seine Herrschaftsfreiheit insofern wacht, als er, der Staat, in Dingen, die die Bewältigung der Vergangenheit betreffen, das letzte Wort hat. Warum soll dieser Patriot nicht auch stolz auf ein Land sein dürfen und können, das die Aufarbeitung, die Selbstverpflichtung zur Mahnung und steten Rückbezug auf die Katastrophe 1933 folgende bis heute als große kulturelle Sühneleistung betrachtet und durch öffentliche Politik ritualisiert?

Es gehört zu den Merkwürdigkeiten des deutschen Selbstverständnisses, dass wir, die mit kultureller Erbschuld belasteten Nachgeborenen, nicht die Freiheit besitzen, konstruktive Zukunftsentwürfe zu liefern, ohne zuvor bei der Vergangenheit Abbitte zu leisten. Niemand, der bei Verstand ist, wird die Tatsache der Schoah infrage stellen. Wer dennoch derlei Unverstand aufbietet, soll und muss, nach der prinzipiellen Erlaubnis zur Äußerung seiner Meinung, sozial geächtet werden und sich, verstößt er gegen geltendes Recht, juristisch verantworten. Natürlich instrumentalisieren Rechtsradikale und Neofaschisten patriotische Sehnsüchte für ihre widerwärtigen Zwecke, aber es wäre fatal, den Umkehrschluss zu behaupten: Man muss nicht rechtsradikal oder auf verhängnisvolle Weise gestrig sein, nur weil man zum Land, in dem man lebt, ein positives Verhältnis haben will. Gemeinwohl und Gesellschaft funktionieren nur, wenn die Bürger eine bejahende Beziehung zu dem Gemeinwesen ausprägen, in das sie eingewoben sind. Ohne Bestätigung seiner Bürger kann kein Land dauerhafte und beständige Legitimation herstellen. Dem Patriotismus neofaschistische Neigungen zu unterstellen ist eine Form wohlfeiler Selbstgerechtigkeit und dient nur der Absicherung eigener dogmatisch-bequemer Gehege – ohne Rückbezug auf die Wirklichkeit einer Ordnung, von deren immer wieder bestärkter Friedlichkeit die Unterstel-ler durchaus profitieren.

Wie stärkt man ein Gemeinwesen, das durch den verabrede-ten Verzicht auf seine symbolische Repräsentation in seiner Wahrnehmbarkeit prinzipiell geschwächt ist, wodurch es, was der Publizist Karl-Heinz Bohrer »Provinzialismus« genannt hat, ein nur sehr vages positives Verhältnis zu sich selbst entwickeln kann? Man stärkt es sicher nicht durch alte Symbole, Rituale oder durch Codes chauvinistischer Breitbeinigkeit, sondern durch den offenen Diskurs, die Partizipation und das Wohl (und nicht nur den Wohlstand) seiner Bürger.

46.

Die letzten bindenden Größen unseres Gemeinwesens sind nur noch im Sport zu finden.

Mit verstörender Faszination darf festgestellt werden, dass ein Phänomen an die Stelle so gut wie aller Selbstbegründungs-ideen getreten ist und sich in den vergangenen Jahren zu einer Identitätsprothese der deutschen Gesellschaft entwickelt hat: Fußball. Der Fußball in seiner generalstabsmäßigen Organisa-tion und Marktmächtigkeit ist imstande, die Bevölkerung über alle Schichten, Klassen, Milieus und Konfessionen hinweg zu einen, und benötigt dazu keinerlei sophistische Überhöhung. Mittlerweile besetzt die Fußballindustrie – mit der Medien- und Entertainmentindustrie zusammengenommen ein veritabler Machtkomplex – das ganze Jahr über den öffentlichen Raum, befeuert und vorangetrieben von einer spätpubertär verzückten, so gut wie flächendeckend maskulinen Journalistenschar in Fernsehen, Funk und Print. Dass dieses Phänomen der Fußballisierung einer Gesellschaft in Italien, England oder Spanien zu weitaus idiotischeren Ausmaßen führt, tut nichts zur Sache.

Die simple Aufzählung oft kriegerisch angekündigter Ereignisse sollte als Beweis der Hypertrophie des Fußballs als *panem et circenses* der späten Moderne genügen: DFB-Pokal-Qualifikationsspiele, DFB-Pokal-Achtel-Viertel-Halbfinals sowie das Endspiel; erste Bundesliga Samstag, Sonntag, Dienstag, Freitag; 2. Bundesliga, 3. Liga; Champions-League-Qualifikation, Champions-League-Viertel-, Halbfinale und Finale, UEFA-Pokal-Qualifikation und UEFA-Pokal-Viertel-, Halbfinale und Finale; Nationalmannschafts-Freundschaftsspiele; Nationalmannschafts-Testspiele, Nationalmannschafts-Qualifikationsspiele für die Europameisterschaft; Nationalmannschafts-Qualifikationsspiele für die WM; Nationalmannschaftsspiele während der Europameisterschaft (alle vier Jahre drei Wochen), Nationalmannschaftsspiele während der Weltmeisterschaft (alle vier Jahre vier Wochen, im Zweijahresrhythmus zur EM versetzt), Nationalmannschaftsspiele während der Olympischen Spiele (alle vier Jahre), neuerdings U17-, U21- und U23-Nationalmannschaftsspiele sowie Frauenfußball-Bundesliga und Frauenfußball-DFB-Pokal, im Winter diverse Hallenturniere; alle Spiele samt Ausschnitten und Interviews. Dazu Vorbereitung und Nachbereitung jedes einzelnen Spiels der Fußball-Bundesliga von September bis Mai in allen Boulevard- bis Qualitätszeitungen, Einschätzungen der Fußballreporter, Interviews, Berichte über ausländische Ligen in England, Spanien, Italien, Abschiedsspiele verdienter Fußballer. Im Fahrwasser der Spielberichte, Analysen, Interviews fallen sodann die Themen des Umfelds an: persönliche Geschichten, Homestorys und Analysen zwischenmenschlicher Streitigkeiten vom Rang einer Staatsaffäre, wie etwa die Frage, wann Nationalmannschaftskapitän und Bundestrainer einen Gesprächstermin finden würden, um ihre Differenzen auszuräumen, die Ende 2008 ganze fünf Wochen lang in höchst erregter Aufmerksamkeit stattfanden, zum Teil mit Meldungen auf Seite 1 überregionaler Qualitätszeitungen. Dazu kam die flankierende Berichterstattung über den Zwist des Nationalmannschaftskapitäns mit dem Nationalmannschaftsmanager, Frust sowie Rauswurf eines Stürmers aus der Nationalmannschaft und Frust eines verdienten Mittelfeldspielers.

Es ist eine erstaunlich radikale Kreativität am Werke, wenn der Begriff *Sport* Woche um Woche auf so gut wie eine einzige Disziplin reduziert wird. Nicht bekannt ist übrigens, dass sich Bevölkerungsgruppen, die Millionengehälter für Manager stante pede mit dem Eifer der Empörung kritisieren, jemals ereifern würden, wenn Fußballspieler für zehn, zwanzig oder dreißig Millionen Euro den Verein wechseln, was im Übrigen eine Form exzessiv kapitalistischen Menschenhandels ist. Das meiste der oben aufgezählten Ereignisse dürfen wir, wenn nicht live, so in verschiedenen Variationen – als Aufzeichnung oder Ausschnitt, sodann als Meldung und in größeren Reportagen, hernach über Interviews und Analysen – in einer aberwitzigen Endlosschleife zu uns nehmen, während andere Sportarten und ihre Großereignisse keine oder nur ein klein bisschen Aufmerksamkeit erhalten.

Womöglich hat dies damit zu tun, dass der Fußball Mythenmaschine des spätmodernen Alltags ist. Durch das Fußballspiel wird die Reanimierung, Weiterführung und Perfektionierung eines Mythos des Helden, der Gemeinschaft, der *virtú* und der Nation zum massenkompatiblen Epos. Der Fußball vollbringt eine kulturelle Transferleistung. Während einer Weltmeisterschaft wird stellvertretend die Rangordnung der Völker festlegt. Das Spiel ist Simulation der Schlacht, die Mannschaft Surrogat der nationalen Armee. In der realen Schlacht wie im Spiel geht es um Taktik, Strategie und Teamgeist. Blut wird höchst selten vergossen, vornehmlich Schweiß und manchmal Tränen. Unter emotional rührenden Fanfarenstößen laufen die in eindeutig unterscheidbare Uniform gekleideten Kämpfer ein. Die Masse jubelt ihnen zu wie einst den Gladiatoren, und mit diesem Jubel bejubelt sie sich selbst. Fußball ist die spielerische Domestizierung des Krieges; der Mannschaftskapitän ist Heerführer und das Bekreuzigen beim Betreten des Rasens die religiöse Anrufung um göttlichen Beistand. In der geschützten VIP-Lounge sitzen, wie einst der römische Kaiser auf seinem überdachten Thron, die Könige und Politiker der Boulevard-Epoche. Die deutsche Sehnsucht nach einem *Kaiser* versteigt sich sogar zur Identifizierung desselben mit dem *Helden* Beckenbauer. Die Verunglimpfung einstiger Titel wie Kaiser und König für Fußballspieler ist ein denkwürdiges, aber funktionierendes Geschäft.

Der Lohn der Götter drückt sich aus in Millionengehältern und Prämien und in der Erhebung der Spieler zu Helden. Mit dem Fußball wandelt sich der antike Mythos zum modernen. Den Platz der Götter hat ein profaner Verbund aus Verbänden übernommen: Massenmedien im Verein mit Funktionseliten, die die Vergöttlichung des Fußballs, von dessen Vergöttlichung sie zehren, organisiert betreiben. Die Mythendauer ist gebunden an das Prinzip der Aufmerksamkeit, dieses an die Verwertbarkeit des Fußballs für Medien und Verbände.

Das Stadion bietet die antike Arena der Gegenwart. Es hat religiöse Dimension als Tempel, in dem zugleich Mannschaften, Träume, Sehnsüchte und Ambitionen geopfert und angebetet werden. Das Spiel im Stadion als Tempel der Moderne ist ein

Bühnenfestspiel und erhält seine Weihe mit der Rezeption durch Millionen von Zuschauern. Im Fußballspiel inszeniert sich die religiöse Dialektik von Fall und Auferstehung. Durch das Foul des Gegners fällt der Held als Opfer, windet sich vor Schmerz, erhebt sich wieder und verlässt den Opferzustand, um als wiederauferstandener Held vom Gegner erneut gefällt zu werden. Entscheidend ist die Möglichkeiten zur emotionalen Teilhabe an Fall und Wiederauferstehung des Helden. Die Strafe des gerechten Gottes ist die gelbe oder rote Karte des Schiedsrichters für den Täter eines Übels, das den moralischen Konventionen widerspricht.

Fußball im Stadion ist ein außermoralischer Bereich. Sittliche Regeln sind durch den Wert des Spiels bewusst außer Kraft gesetzt. Der Schiedsrichter scheidet als irdischer Richter göttlicher Vorsehung nicht nur; er entscheidet auch über Sieg und Niederlage und über die Bedingungen der nächstmöglichen Simulation des existenziellen Kampfes: des Duells.

Das Elfmeterschießen ist die Reinform des antiken Mythos in seiner höchsten Verdichtung: Zwei potenzielle Helden stehen sich im Duell gegenüber. Einer wird siegen. Die Regeln sind durchschaubar, verständlich und von den Armeen, den Mannschaften, respektiert. Der Elfmeter ist als allgemein anerkannte Strafe der Todesstoß für das Opfer, das im Halten des Balles zugleich seine letzte Chance erhält. Verschießt der Schütze, erleidet die Mannschaft den symbolischen Tod.

Der Konsum eines Fußballspiels ermöglicht die Erlösung von der erzwungenen Individualität. Die Flucht ins Heldenhafte ist auch der willkommene Regress ins Herdenhafte einer Gemeinschaft, die sich unabhängig von persönlichen Eigenschaften bildet. Durch die passive Teilnahme am Fußballspiel wird das *Ich* zum *Wir* im Ausnahmezustand. Das Fußballspiel, zum Turnier organisiert, ist das größtmöglich denkbare Gemeinschaftserlebnis als Spracherlebnis. Die Grammatik des Fußballs ist universal, die Regeln sind überall auf der Welt nicht nur gleich, es sind dieselben. Jede Mannschaft auf jedem Kontinent besitzt elf Spieler. Jede Kultur kennt das Abseits. Für jede Mannschaft ist das erzielte Tor das Ziel. Im Modus der Fernsehausstrahlung erhält die Grammatik des Fußballs einen universell gültigen Kommunikationswert: Das Fußballspiel ist die weltweit allen Völkern und Ländern ausgestellte Lizenz zum Rauscherlebnis und zur Stiftung einer eigenen Identität. Es bedient die psychische Neigung zur seelischen Beheimatung und Abgrenzung. Der Einzelne kann für und gegen etwas sein. Im Für-Sein bildet er eine positive, im Gegen-Sein die negative Identität aus. Positive wie negative Identitätsmöglichkeiten sind maßgeblich für das unmittelbare und das mittelbare Weltverhältnis: Man ist gegen den Gegner und explizit gegen den Rest; und zugleich für den Nukleus der eigenen Gemeinschaft, die aus der Verschmelzung von *Ich* und Mannschaft besteht.

Der Einzelne steckt in vielerlei Zwangsgemeinschaften, die er für sich nicht gewählt hat. Er ist mit seinem oder gegen seinen Willen Teil der Nation, der Europäischen Union, der NATO, der UNO. Mit welcher Zugehörigkeit er seine Identität verknüpfen möchte, kann er fast nur noch in der freien Wahl seiner Mannschaft entscheiden. Diese Entscheidung ist verantwortungsfrei, sie hat keine weiteren sozialen Konsequenzen und persönliche nur im Triumph oder der Trauer.

Das Spiel schöpft zum einen ein Ethos des Siegers: Gewinnt sein Team, gewinnt auch der Einzelne. Er ist klarer Sieger und erhebt sich über den klaren Verlierer. Klarheit, Eindeutigkeit sind eine ungeheure Entlastung. Der Aufstieg zur metaphysischen Dimension des Sieges bringt eine von keinem Staat, Gesetz, von keiner Vereinbarung, Arbeitgeberlaune oder Intrige beeinträchtigte Reinheit des Gefühls ohne Verdacht auf irdische Hinterlist.

Zum anderen schöpft das Spiel das Ethos der Verlierers: Unterliegt seine Mannschaft, kann der Einzelne sich Emotionen gestatten, die im Arbeitsleben und in der sozialen Umgebung als verpönt, schwach und unfruchtbar gelten. Er kann das Ventil zur emotionalen Tiefenschicht öffnen und stellvertretende Trauerarbeit leisten. Die Tränen über die Niederlage sind auch Tränen übers ungeneigte Schicksal. Das Leid des einzelnen Anhängers wird teilbar mit dem Leid des ganzen Anhangs und ermöglicht positive Gemeinschaft über negative Erfahrung. In der Teil- und Mitteilbarkeit des eigenen Leids tritt eine der grundlegendsten, meist verschütteten menschlichen Eigenschaften zutage: Empathie. In der Tröstung des Fans offenbart sich das Humanum: Liebe und Mitleid mit der Kreatur in der Demütigung, vollzogen durch kommunikative Zuwendung.

Das Selbstmitleid des Einzelnen wird ebenso zum Mitleid mit der Mannschaft. Im Leid sind Mannschaft und Einzelner auf tiefster emotionaler Ebene gemeinschaftlich vereint. Mitleid mit der Mannschaft ist zugleich Herdenleid, das dem Einzelnen ein emotionales Maximum ermöglicht. In der Niederlage bieten sich dem Einzelnen also über Empathie und Mitleid zwei elementarmenschliche Gemeinschaftsformen an, die im sozialen und beruflichen Alltag entweder abhandengekommen sind oder von Egoismen und Vereinsamung verschüttet.

Im Fußball synonymisieren sich schließlich Nation und Ehre. Die Mannschaft ist das Destillat der Nation, die Vermittlerin ihrer Ehre. Die Ehre der Nation steht auf dem Spiel der Mannschaft. Fußball generiert als einzig verbliebenes Ereignis unverdächtige Nationalgefühle, politisch unverdorben, ethisch erlaubt, ästhetisch erträglich. Die Erwartungen an die Mannschaft sind geknüpft an die Erfüllung von Ehre. Die Heldenschöpfung vollzieht sich in der Übereinkunft erfüllter Ehre.

Über das Fußballspiel schalten sich Nation und Ästhetik gleich: Das Singen der Nationalhymne ist ein Bekenntnis ohne Scham und zugleich ein ästhetisches Erlebnis. In der Hymne wird die Nation sinnlich erfahrbar und sinnlich erfahren. Durch die Verschmelzung von National- und Kunstgefühl im Absingen der Hymne ist der Einzelne in jenem Augenblick höchster Konzentration vereinigt mit dem Helden, mit dem Chor, der Tragödie des Spiels und dem Wesen der Nation. Wenn Nation eine durch Gefühle katalysierte Wesenheit ist, die Zugehörigkeit über soziale Anerkennung organisiert, so wird der Einzelne mit der Tilgung aller Abstände und aller Vernunft zu einem in der geborgenen Gemeinschaft aufgehobenen, nationalen Wesen.

Im berühmt gewordenen Sommer 2006 hat es eine kleine Revolution gegeben. Vor allem durch Publizisten der Neuen Bürgerlichkeit in ihren jungen Fünfzigern ist ein Begriff in die öffentliche Diskussion zurückgekehrt, der noch vor einigen Jahren große Probleme bereitet hätte: Patriotismus. Ein tänzerisch leichter, aber eben auch ein selbstbewusster, jedenfalls in der Wolle konservativ gefärbter Begriff. Während der Fußball-Weltmeisterschaft, die bis heute zur permanenten Rechtfertigung eines neuen Selbstverständnisses herhalten muss, haben die Deutschen ihre bislang unterschätzte Fähigkeit zur Ausgelassenheit bewiesen. Zum ersten Mal seit Jahrzehnten wurde »Deutschland«, weil andere sinnvolle Kriterien nicht zur Verfügung stehen, zu einem Gefühlstatbestand. Mit ihm ließ sich, in der Sehnsucht nach beharrlichem Widerstand gegen eine Auflösung eigener Werte und sittlicher Normen im Nivellierungsprozess der Globalisierung, die eigene Identität aufspüren und spüren.

47.

Der Geist eines neuen Republikanismus erschafft eine notwendige Wir-Identität.

Es gibt neben Fußball und Religion nur sehr wenige bindende Ideen, die in der Lage sind, Millionen Menschen auf sich zu vereinen. Die schönste unter diesen Ideen ist der *Universalismus der Menschenrechte*, dem zufolge *jeder* Mensch sein eigener Zweck und deshalb mit unantastbaren Rechten ausgestattet ist. Auch wenn hier und da denkwürdig eingewandt wird, dass Menschenrechte relativ, weil kulturbedingt seien und europäische Vorstellungen von der Würde des Menschen nicht notwendig mit denen afrikanischer Stammesgesellschaften, vorderasiatischer Clans oder islamischer Scharia-Radikaler zusammenpassen, hat sich im Gedanken des Menschenrechts der menschliche Geist geradezu vollendet.

Eine weitere Idee ist die der *Vaterlandsliebe*. In ihrer amerikanischen Variante ist sie eine Zivilreligion, welche das politische Gemeinwesen mit religiöser Rhetorik oder religiösen Symbolen interpretiert. Dem einzelnen Bürger verlangt sie unter Bezug auf Gott einen Eid aufs Vaterland ab, der Bürger wiederum hat den Satz *In god we trust* zum Kristallisationskern seiner Identität und Ökonomie gemacht. *Zivilreligion* – ein vom amerikanischen Kommunitaristen Robert Bellah in den 1960er-Jahren geprägter Begriff – fasst den Wertekonsens einer Gesellschaft unter Bezugnahme auf Gott, ohne dass das Land ein Gottesstaat oder eine Theokratie wäre. Eine zivilreligiöse Gesellschaft bleibt säkular, in ihrem symbolischen Bezug auf religiöse Normen aber, wie es auch in der Präambel der deutschen Verfassung heißt, »im Bewusstsein vor Gott und den Menschen«.

Eine Zivilreligion ist, auch wenn sie als neutrale Idee überkonfessionell ist, immer noch eine Religion und kommt dem absoluten Vernunftmonopol des Staates in die Quere. Der Staat ist keine Gottgegebenheit, kein Gottersatz, kein Gott selbst und keine diktatorische Unausweichlichkeit. Er ist die Ordnung, die wir uns beschließen. Der Staat ist die Verfassung und die Verfassung der Staat. Es gibt keinen Vorverfassungsstaat. Das Vernunftmonopol des Staates entspricht insofern der Vernunftbehauptung der Gesellschaft. Der Verfassungsstaat garantiert die Autonomie des Individuums. Das Recht zur Freiheit ist und bleibt das einzige allgemeine Grundrecht. Es ist ein Menschenrecht und als positives Grundrecht deutlich von Moral zu unterscheiden, denn Moral hat kein Recht, nur die Wahrheit ihrer eigenen Bewährung.

Diese allgemeinen Normen der Verfassung – das Recht auf unbedingte Freiheit, Autonomie und Würde, auf den Schutz des Einzelnen *vor* dem Staat, wenn es um die personale Würde des Menschen geht – machen die vorbildliche Qualität der deutschen Nachkriegsdemokratie aus.

Der Versuch, eine *Leitkultur* zu entwerfen, kommt der Idee einer bürgergesellschaftlichen Metaphysik recht nahe. Wer aber definiert, was leitend und was Kultur ist? Der Begriff »Leitkultur« würde, so ist zu befürchten, vor allem christlich verengt und würde sich über den Zusatz »deutsch« eine sozusagen notariell beglaubigte Einhegung der Massen in einen überkommenen Nationalismus gestatten. Angesichts unzähmbarer Migrationsbewegungen, ethnischer Diffusion und geografischer Entgrenzung durch einen zunehmend globalisierten Lebensstil wird sich aber *Kultur*, verstanden als Gewebe aus Handlungen und Überzeugungen einer Gemeinschaft, in einer offenen Gesellschaft immer wieder wandeln. Bleibt als letztes Bindemittel dann allein die deutsche Sprache – wenn in fünfzig Jahren die

Bewohner des deutschen Sprachraums nicht auch über ihre Chatrooms und Internetcommunities hinaus vornehmlich Computerenglisch sprechen.

Nach dem Universalismus der Menschenrechte, der Zivilreligion und Leitkultur ist der sogenannte *Verfassungspatriotismus* die vierte Variante einer massenbindenden Idee mit dem Charme einer transzendenzfreien Sozialtechnik. Geprägt wurde das Wort vom Politikwissenschaftler und Journalisten Dolf Sternberger 1979, philosophisch durchdrungen von Jürgen Habermas und politisch erhöht durch Richard von Weizsäcker – was dem Begriff schon allein durch diese mit ihm verbundenen Persönlichkeiten ein Adelsprädikat verleiht. Kurz gesagt, benötigt der Verfassungspatriotismus zur Letztbegründung weder den Bezug auf religiöse Instanzen noch ethnische oder juristische Kriterien wie das *ius sanguinis*. Stattdessen setzt er eine Identifikation jedes einzelnen Bürgers eines Gemeinwesens mit den Grundwerten der selbst gestalteten Verfassung voraus. Das mag wenig sozialromantisch, beinahe kühl konstruiert, jedenfalls aller patriotischen Gefühle abhold klingen, umgeht aber auf elegante Weise das Problem, die allgemeinverbindliche Grundlage eines Gemeinwesens in religiösen, ethnischen oder kulturellen Symbolen sehen zu müssen. Solche können, in Form von Mythen, Legenden, Flaggen oder Volksgeschichten, manipulativ, ausgrenzend und auslegungsbedürftig sein.

Weniger politisch denn eher sozial-ethisch versteht sich das Konzept der *Zivilgesellschaft*. In den vergangenen Jahren hat dieser Begriff, auch in der Variante der *Bürgergesellschaft*, das Politische aus dem Bauch der Gesellschaft heraus revitalisiert und den Boden bereitet für eine neue Idee.

Vielleicht – weil wir unser Gemeinwesen ja nicht notwendig als *Vaterland* betrachten müssen (schon weil es eine Mutter Erde ist, auf der wir leben, und ohnehin das Weibliche der Nachhaltigkeit viel eher entspricht) – sollte das nächste Deutschland eine neue Version wagen und den Begriff des *Republikanismus* zur Grundlage seines Selbstverständnisses machen. *Republikanismus* ist ein reflexiver Patriotismus, der die Spiegelung der eigenen Geschichte mit dem Nachdenken über ein künftiges Narrativ gleichsetzt. *Republikanismus* denkt die Entstehung der Republik aus den moralischen Ruinen des »Dritten Reichs« genauso mit, wie er eine konstruktive Bejahung der Republik und ihrer Symbole fordert. Er ist eine Absage an fahnenschwenkende Nostalgie und an nationalistische Kraftmeierei. Vielmehr bezieht er sich auf den Geist der Republik, auf all jene Dinge, für die wir uns gelegentlich selbst belächeln, die uns in so gut wie jedem anderen Land der Erde aber großen Respekt eintragen: Entscheidungsklarheit, Konsequenz, Disziplin, Verlässlichkeit, Kraft und Erfindungsreichtum.

Der *Republikanismus* als Mittel zur Verankerung in metaphysischem Boden ist jeder Religion vorzuziehen. Über das Ausmaß seines eigenen Patriotismus entscheidet jeder Bürger selbst. Religion hingegen ist angewiesen auf die Auslegung transzendenter Größen in ideologischer oder konfessioneller Ambition. Mit Verweis auf den Willen einer göttlichen Instanz wird die Autonomie des Individuums negiert.

Diese reflexive Variante des Patriotismus ist weder triumphalistisch noch mit aufdringlichem Pathos ausgestattet. Melodisch betrachtet, ist sie eine Kunst des Zwischentons, visuell eine Fähigkeit zur Um- und Rücksicht, dazu, die Vergangenheit im Spiegel der eigenen Entwicklung als Voraussetzung seiner selbst zu betrachten. Inhaltlich gesehen, würde so gut wie jeder Demokrat zustimmen, legte man der Republik als Normengefüge nach wie vor den antitotalitären Konsens zugrunde: die verbriefte Lehre aus dem Bruch mit Zivilisation und Menschenwürde im »Dritten Reich«, als deren zentrale Werte Würde des Menschen, Freiheit der rechtlich Gleichen, Solidarität und Pluralismus, gegenseitiger Respekt, Anerkennung, Toleranz, Vor- und Fürsorge, fairer Wettbewerb und unternehmerische Freiheit zu nennen sind.

Im Republikanismus aber steckt noch mehr: zum einen die starke Rückbindung an die Gemeinschaft durch das Bekenntnis zur Teilhabe und Haftbarkeit für die *res publica*, der Sache, die uns alle angeht. Zum anderen die Betonung der *virtú*, von der Montesquieu gesprochen hat. Beides, der Geist der *res publica* und der Geist der *virtú*, verströmen das Aroma jener Wertvorstellungen, die der nächsten Gesellschaft zugrunde liegen sollen.

Je mehr reflexive Patrioten sich die Republik über den Republikanismus erlaubt, desto mehr schrumpft die Gefahr eines unkontrollierbaren Vakuums, in das Linksradikale, Rechtsradikale, Nationalisten und Neofaschisten – all das affektgeladene Gschwerl des antidemokratischen Ressentiments – springen können, um von dort aus als subversive Anarchisten die Grundlagen der Gesellschaft, den ungeschriebenen wie auch den durch die Verfassung geschriebenen Konsens zu attackieren.

Zuletzt dürfen sich die Deutschen immer wieder vor Augen führen, dass sie womöglich auch deshalb bis heute keine tragfähige und selbstverständliche bindende *Wir*-Identität haben, weil sie durch den Zivilisationsbruch des »Dritten Reichs« nicht nur ihr eigenes Normengefüge diskreditiert, sondern sich damit zugleich auch vom intellektuellen Gerüst der jüdischen Tradition abgeschnitten haben. Deutschland hat sich seiner geistigen Traditionen selbst beraubt. Weil nach dem Krieg ein unbelastetes, unbefangenes, allgemeingültiges *Wir* nie zur Verfügung stand, sind im Laufe der Zeit lauter entkontextualisierte Ichs entstanden, die weder auf die jüdische noch die bürgerlich-konservative Tradition zurückgreifen konnten. Diese Leerstelle gilt es immer noch zu füllen.

48.

Empathie ist der zentrale Wert für die Verbindung von Ichs zum Wir.

Normen müssen sich in ihrer Anwendung stets aufs Neue bewähren. Sie gelten nur deswegen weiterhin, *weil* sie sich für die Mehrheit als Normen bewährt haben. Einer der durchaus alten Werte beschreibt durch sich eine Fähigkeit, die für die Einrichtung künftiger Gemeinschaftsräume wesentlich sein könnte: Empathie. Empathie als Gefühl für Menschlichkeit in einer jeweiligen Situation ermöglicht die episodische Einfühlung in den Wir-Verbund mit all seinen anderen Ichs und schafft Vertrauen durch Stabilität und Stabilität durch Vertrauen. Für das Glück und also die psychische Gesundheit der größten Zahl ihrer Mitglieder muss die nächste Gesellschaft auf Empathie-Pädagogik und Empathie-Erziehung setzen.

Empathie ist die zeitgemäße Variation von Solidarität in der Weltgesellschaft. Kein Mensch kann mit *den einzelnen* Menschen der Weltvölker solidarisch sein, ohne sich lächerlich zu machen. Man kann aber dem *Menschen an sich* gegenüber empathisch sein, indem man im Anderen sich selbst erkennt. Empathie ermöglicht, Leid und Schmerz, die Malaise des Anderen zumindest wieder wahrzunehmen, wobei Empathie etwas anderes als Mitleid ist. Der Andere ist *jeder* Andere, nicht nur der jeweils nächste

Andere. Das individuelle Verhältnis zum Anderen baut auf die wesensmäßige Bejahung desselben als gleichwertiges Mitglied der Gemeinschaft, die *dann* gleichwertige Mitglieder hervorbringt, *wenn* die Bedingungen dafür für alle gleich sind. Die große Frage künftiger Pädagogik könnte lauten, ob man Empathie lernen oder lehren kann, und wenn ja: welcher empathische Lehrer dazu berufen ist. Überhaupt, der Lehrer: Er wird einer der wichtigsten Berufe der nächsten Gesellschaft werden. Es liegt nahe, dass die Lehrerschaft bei ihrer Auswahl strengen Prüfungen unterliegen und höchsten Anforderungen entsprechen muss. Der Lehrer als Ethiker in allen Fächern – dafür genügt es nicht, dass Frauen und Männer auf Pädagogische Hochschulen gehen, aus Mangel an Alternativen und Interessen. Die Ausbildung zum Lehrer sollte eines der höchsten und also am schwierigsten zu erreichenden Güter werden: die ethisch-pädagogische Elite an der Graswurzel. Nach wie vor ist davon auszugehen, dass Menschen in permanenter Zeitnot, zunehmender Depression, sozialem Niedergang und verlorener Freiheit der Anforderung, das klassische Familienmodell als Lehranstalt für Normen und Werte zu ersetzen, nicht mehr nachkommen können.

Letztlich ermöglicht *reflexiver Patriotismus* Empathie in die Gemeinwohlgemeinschaft, weil er Zugehörigkeitssehnsüchte konstruktiv und positiv beantwortet.

49.

Gleichheit in der Bildung kann keine Gleichheit der Ergebnisse sein, sondern nur eine der Zugangschancen.

Die Ursachen für die aktuelle Erschütterung unseres Glaubens an das System liegen zwanzig Jahre zurück. Mitte der 1980er-

Jahre begann Begriff zu werden, was man, teils verächtlich, teils begeistert, als Postmoderne bezeichnete. In jener Zeit radikalisierte sich das Individuum und erhielt von der Gesellschaft den Wechsel auf ewigen Wohlstand ausgestellt. Schon damals setzte aber zugleich die Besinnung darüber ein, wie man diesen sich entfesselnden Individualismus bändigen könnte. Die geistige Bewegung des Kommunitarismus um die amerikanischen Soziologen Amitai Etzioni, Robert Bellah und Robert Putnam suchte nach Wegen, um das Ideal des bürgerschaftlichen Engagements wiederzubeleben. Die Kronzeugen des Kommunitarismus waren Hannah Arendt und vor allem Alexis de Tocqueville. Mit diesem vorzüglichen Denker aus dem 19. Jahrhundert und seiner Frage, wie der Individualismus überwunden werden könne, kehrte auch sein Schlüsselbegriff in die Debatte zurück: *egalité des conditions* – Gleichheit der Bedingungen. Bis heute ist die Frage nicht geklärt, wie es zu schaffen ist, jedem einzelnen Bürger den gleichen Zugang zu Bildung und den Quellen von Wissen zu gewähren.

Dass Deutschland nach dem berühmten Bonmot der germanophilen Pariser Salonintellektuellen Madame Anne Louise Germaine de Staël um 1800 das »Land der Dichter und Denker« sei, ist eine jener mythischen Sentenzen über das Deutsche, die bis heute zugleich Kulturgut, Selbstbeschreibung und uneingelöstes Versprechen sind. Zum klassischen Klischee bundesdeutscher Identität gehört seither auch der Satz, Bildung sei – da das Land über keine Bodenschätze verfüge – die wichtigste Ressource der Republik. Jeder geistesgegenwärtige Politiker, der etwas auf sich hält, führt das Wort Bildung im Munde, und keine Partei kann es sich leisten, »Bildung« nicht ins Wahlprogramm zu heben, weil *Bildung* zu einem fraglos plausiblen Desiderat geworden ist – sodass derjenige, der etwa sagen würde, Bildung könne nicht das Ziel sittlicher Erziehung sein, als weltferner Idiot stigmatisiert würde.

Was aber meinen Politiker, wenn sie von »Bildung« sprechen? Doch nicht das bildnerische Selbsterziehen des Einzelnen, auf dass er »im Bilde« sei oder sich selbst ein Bild machen könne von den Vorgängen, was voraussetzt, dass er die Vorgänge kennt. Es ist auch nicht das *Recht auf Bildung* gemeint, denn dies wäre einklagbar und hätte die Neuorganisation von Staat und Gesellschaft zur Folge, weil geklärt werden müsste, was Bildung wann für wen bedeutet und wie der Staat dafür Sorge tragen muss, dass jeder Bürger ausreichend gebildet sein kann.

Der von Politikern benutzte Begriff von Bildung ist ein merkwürdig unbestimmter Hybrid. Er dient als ein von niemandem hinterfragtes Entree in die sogenannte Wissensgesellschaft. Diese wird gemeinhin als feststehende kulturelle Grundlage jeder Zukunft betrachtet. Aber um welches »Wissen« geht es da, und was genau ist eine »Wissensgesellschaft«?

»Wissen« ist ein ebenso problematischer Terminus wie »Bildung«, weil Wissen weit mehr als nur die Vernetzung von Informationen ist. Wissen setzt sowohl die Fähigkeit zur Einordnung in Vergangenes voraus wie die Fähigkeit zur Verknüpfung mit Gegenwärtigem, um Aussagen über die Zukunft treffen zu können. Wissen entsteht durch Einbettung.

Es erscheint müßig, sich in die seit Langem anhaltende, komplizierte und gelegentlich ideologisch geführte Bildungsdebatte einzuklinken, zumal Experten und Nicht-Experten mit den jeweils besten Intentionen und oft genug entgegengesetzten Anschauungen seit Jahren den idealen Weg hinreichend ergebnislos debattieren. Ob sozialer Aufstieg durch Bildung oder der Status der Bildung durch soziale Herkunft entschieden wird, muss als unbeantwortet dahingestellt bleiben.

Das Phänomen der Erschöpfung ist insofern ein typisch deutsches, als es mit der für die Bundesrepublik charakteristischen Sozial- und Erziehungsstruktur und dem Leistungsanspruch seit Anfang der 1960er-Jahre zu tun hat. Für den flexiblen Menschen deutscher Ausprägung typisch ist, unter manch anderem, die Figur einer Führungskraft auf der mittleren Ebene. Nicht wenige dieser Führungskräfte haben nach Erkenntnissen von Therapeuten und Coaches entweder ein Vaterproblem oder sind soziale Aufsteiger in der permanenten Angst vor dem sozialen Abstieg. Kinder aus Akademikerfamilien müssen dem Vater ständig beweisen, dass sie nicht Deutschlands Dümmste sind; die anderen, vornehmlich Einzelkinder aus Arbeiterfamilien, dagegen ständig strampeln, um nicht hinter den erreichten sozialen Status zurückzufallen. Erfahrungswerte aus der eigenen Familie mit Sauerstoffmangel in diesen Höhen haben sie nicht. Sie sind ihre eigene Blaupause.

Der Slogan *Aufstieg durch Bildung*, ursprünglich formuliert zur Förderung individueller Hochbegabung und Leistung, wurde zum Kristallisationskern der politischen Debatte über das, was als soziale Gleichheit und Gerechtigkeit verstanden werden soll. Heute gilt es als Stigma, nicht studiert zu haben, auf welchem Niveau auch immer das Studentenleben abläuft. Je mehr studieren, desto niedriger wird oft das Niveau. Das ist das »Bildungsparadox«, von dem Erziehungswissenschaftler sprechen, wenn sie konstatieren, dass die größere Verbreitung wie die Verbreiterung der Bildung andere Formen der Ungleichheit erzeuge. Schule, heißt es, sei ein System der Herstellung von Differenz, nicht von Gleichheit. Solcher Argumentation zufolge ist es eine Illusion zu glauben, dass über das Bildungssystem strukturelle Unterschiede komplett ausgeglichen werden könnten. Kurz gesagt: Die Menschen sind nicht gleich, und über Bildung wird es nicht gelingen, Ungleiche gleich zu machen, ohne neue Ungleichheit herzustellen. Welche Ungleichheit ist also sozial gerechter? Oft ist darauf hingewiesen worden, dass Gesamtschulen der Idee gerechter Bildungsteilhabe sehr viel näher kommen als alle anderen Modelle, weil sie durch Verschmelzung mehrerer Schularten soziale Differenzen tilgen. Auch hört man oft, dass die Aufteilung der Kinder in Deutschland viel zu früh erfolge, weswegen Kinder aus sozial prekären Haushalten weniger Aufstiegschancen hätten. Immer wieder muss man aber auch darauf hinweisen, dass nach Kriterien der Leistung und Begabung selektiert werden können muss, um Eliten herzustellen, und dass bei der Selektion über Leistung der Sozialstatus keinerlei Rolle spielt. Höher Begabten die Möglichkeit zu schnellerem Aufstieg zu verwehren wäre ebenso sozial ungerecht, wie Kinder sozialer Unterschichten durch zu frühe Sortierung aufs Abstellgleis zu schieben.

50.

Digitale Netzwerke befördern eine zweite Aufklärung.

Ein ethisch sensibler Bürger ist immer ein durch Bildung geformter. Da der Zusammenhang zwischen Bildungsniveau und individualistischer Selbstentfaltung soziologisch ausreichend belegt ist, sollte in der nächsten Gesellschaft jeder Bürger das Recht auf Wissen und Information haben, das ein Recht auf ungehinderten Zugang zu den Quellen von Informationen ist. Zwischen *Wissen* und Information besteht ein kategorialer Unterschied. Der Zugang zu Informationen ist noch lange kein Zugang zu Wissen, weil Wissen über die Verdichtung von Informationen hinaus ein intellektueller Akt mit dem Anspruch ist, ins

Bild gesetzt zu sein. »Über etwas Bescheid wissen« heißt nicht notwendig, die Fakten zu kennen, die einem solchen Wissen über Ereignisse zugrunde liegen. »Bescheid wissen« könnte ja auch heißen, den eigenen Vorurteilen zu erliegen oder Klischees zu kultivieren oder einem Alphatier auf den Leim zu gehen, das mit großer Überzeugungskraft etwas als einleuchtend verkündet, ohne dass dem nach Lage der Fakten so wäre. Wie sollen die Fluten von Informationen gedämmt werden, um als Wissen verhandelbar zu sein? Ist es denkbar, dass sich Wissen während der beständigen Bewertung und Korrektur von Informationen durch Sender und Empfänger selbst erschafft? Und wer entscheidet, wann eine Information zu Wissen wird?

Die kommunikationsethischen Kernfragen der politischen Kultur der Zukunft lauten: Auf welchen Informationen beruht unser Wissen? Wer hat teil am Verdichtungsprozess von Informationen zu Wissen und aus welchen Motiven? Wer *soll* beteiligt werden, und wer legt dies mit welcher Absicht fest?

Das Verhältnis von Information und Wissen verhält sich analog zum Verhältnis von Individuum und Gemeinschaft: Wann ist das Ganze mehr als die Summe seiner Teile? Und wann ergeben separate Teile eine verbindliche Summe? Wissen ändert sich in dem Maße, in dem sich die Mechanismen seiner Produktion ändern. Mittels neuer Technologien ist in den vergangenen Jahren eine bislang unvorstellbare Dezentralisierung der Produktionsstätten und Bewertungsschleifen von Informationen entstanden. Informationen, was immer als solche gelten mag, sind nicht länger das Geschäft einer exponierten Informationselite, die ihren hierarchischen Status auf eine gewisse Exklusivität gründete. Jetzt sind alle Menschen, die einen Zugang zum weltweiten Netz haben, potenzielle Sender wie Empfänger von Informationen, die irgendwann den Status des Wissens erreichen.

Für diese Utopie einer offenen Weltgesellschaft ist das Internet die dezentralisierte Quelle von Informationen schlechthin. Wikis, Blogs und Open-Source-Foren sind je unterschiedliche Vorbilder eines graswurzelkreativ sich aggregierenden Wissenssystems in unmittelbarer Öffentlichkeit – als außerparlamentarische Kontrollsysteme zum einen, als jedermann zugängliche, durch Kommentar, Moderation und Bewertung veränderbare Informationsbörsen zum anderen.

Diese Dezentralisierung von Wissen bei gleichzeitiger Verfügbarkeit aller Informationen könnte der Beginn einer zweiten Aufklärung sein. Die erste Aufklärung wurde bekanntlich katalysiert durch die *Encyclopédie* der Universalgelehrten Denis Diderot und Jean le Rond d'Alembert, die in den Jahren von 1751 bis 1780 in 28 Bänden und Tausenden von Artikeln das damals verfügbare Wissen gesammelt und publik gemacht haben. So konnte sich jeder, der zu lesen vermochte und dies wollte – um mit Kant zu sprechen –, aus seiner selbst verschuldeten Unmündigkeit befreien. Fürsprecher der »Wiki-Welt«, der Wissensbasare und der sogenannten Blogosphäre sehen das Netz als Forum einer unmittelbaren Öffentlichkeit, das dem nachkommt, was die großen Aufklärer von einst als Voraussetzung zum Austritt aus der selbst verschuldeten Unmündigkeit betrachteten: Jeder hat die gleiche Möglichkeit, am Wissen der Welt mit- und weiterzuschreiben.

Wenn man diese Foren und die neue Entwicklung ernst nimmt, müsste zur garantierten Grundversorgung eines Bürgers der nächsten Gesellschaft gehören, dass auch Empfänger von staatlichen Transferleistungen Hard- und Software zur Verfügung haben, an den weltumspannenden Informationsbörsen zu partizipieren. Wikipedia, die meisten Onlineseiten großer Zeitungen, Magazine und Rundfunksender sowie Tausende von

Blogs sind frei und kostenlos zugänglich. Ein DSL-Anschluss kostet pro Monat nicht mehr als fünf Packungen Zigaretten. Die Digitalisierung ermöglicht also jedem Individuum den Zugang zu Wissensquellen, wodurch ihm wiederum ermöglicht ist, sich ins Bild zu setzen. Ein demokratischer Staat, der auf Teilhabe seiner Bürger angewiesen ist, muss die technischen Voraussetzungen schaffen und Glasfaserkabel verlegen lassen, damit alle Haushalte mit Anschlüssen versorgt sind.

Würden im Übrigen Laptops künftig tatsächlich zur Grundversorgung gerechnet, wäre jeder Bürger in der Lage, unabhängig von Ort und Zeit zu arbeiten und über neu gebildete Formen und Netze direkt am demokratischen Prozess teilzuhaben. Die Ungebundenheit des Menschen an Ort und Zeit wiederum würde die Unternehmen erziehen, ihren geschätzten Mitarbeitern mehr Freiräume zur Gestaltung von Eigenzeit zu ermöglichen und insofern in die Belegschaft zu investieren, als die Menschen selbst bestimmen könnten, wann sie wo arbeiten. Die Gesellschaft der Zukunft könnte größtenteils aus mobilen und supermobilen Nomaden bestehen, die ortlos, ergebnisorientiert und in der Gestaltung ihres Arbeitstages vor allem selbstbestimmt sind. Glaubt man den zukunftstrunkenen Apologeten der angewandten Flexibilität in der globalen Netzwerkkultur, dann braucht der Bürger der nächsten Gesellschaft nichts mehr als das Notebook, WLAN, den eigenen Kopf und ein bisschen Kreativität, um sich seinen idealen Lebensstil entwerfen zu können. Die kommende Welt ist polyzentrisch, multipolar und zeitzonenfrei, vor allem heterogen und uneindeutig – ohne übergreifende Ordnung, ohne Gesamtsinn. Also darf man sich die iPhone-süchtigen Telearbeiter der »Net-Generation« als glücksbegabte WLAN-Atome in den Lounges, Beach-Resorts, auf Bahnhöfen und Flughäfen zwischen Thailand und Chile vorstellen.

51.

Bildung und Selbsterziehung sind die wesentlichen Bedingungen jeder qualitativen Freiheit.

Entscheidend für alle Formen ethischer Bildung und Teilhabe durch Wissen ist, dass jedes Kind das Soziale in Form des Dialogischen von früh auf lernt. Familien können das nicht unbedingt leisten. Sind sie intakt, was heute keine Selbstverständlichkeit ist, bleibt doch meist keine Zeit, das Potenzial des eigenen Kindes zu erkennen und zu fördern. Die Zuschreibung von Freiheit beginnt bereits mit der Geburt.

Bildung ist nicht nur die Bedingung für Freiheit, weil sie das Leben kognitiv und nicht schicksalsgelenkt versteht, weil sie ermöglicht, das Leben in Eigenregie zu führen und es als offen und nicht durch göttliche, militärische oder moralische Normen bestimmt zu erfahren. Bildung als Vehikel zur Selbst- und Welterkenntnis gehört darüber hinaus zu einer der Grundvoraussetzungen des sozialen Friedens, weil sie die Anerkennung des Anderen erst möglich macht: Wer nicht im Bilde ist, sieht sich nicht in Bezug auf das Andere, weil er es nicht kennt. Er verfügt nicht über das Wissen, um über sich und andere angemessen urteilen zu können. Weiß man je genug, um dazu in der Lage zu sein? Vermutlich nicht. Wer wollte festlegen, wann »Wissen« ausreichend ist?

Womöglich ist die zentrale Frage gesellschaftlicher Selbstaufklärung in den kommenden Jahren, was als *Wissen* gelten soll und wer auf welchem Wege daran teilhat. Eine Gesellschaft, die sich zum Ziel setzen würde, jeden einzelnen ihrer Bürger ethisch zu erziehen, indem man jedem Einzelnen die gleichen Bedingungen zur Teilhabe an Bildung und Wissen gewährt, müsste ganz unten beginnen. Das hieße: Jedes Kind, das auf deutschem Staatsgebiet lebt und den Status eines Bürgers hat, egal, welchen Geschlechts, welcher Herkunft, welcher Hautfarbe, welcher religiösen Überzeugung auch immer, müsste das gleiche Anrecht auf Bildung haben. Wer keine Chance hat, sich selbst ein Urteil zu bilden, wächst mit vorgestanzten Urteilen, mit Vorurteilen auf. Es ist der eigentliche Skandal der Unbildung und Bildungsarmut, dass durch sie von früh auf geschlossene Weltsysteme entstehen und geistige Urteile vorentschieden werden. Bildungsarmut, die oft – aber nicht notwendig – mit sozialer Armut einhergeht, ist vor allem eine Armut an Optionen. Was einmal, sei es als Vorurteil, falsch abgespeichert und eingebrannt ist, lässt sich später, wenn überhaupt, nur mit immensem Aufwand korrigieren. Eine Gesellschaft ethisch mündiger Bürger mit Sinn für sich, ihre Gemeinschaft und Umwelt ist darauf angewiesen, dass ihre Kinder von früh auf ein Sensorium für das Allgemeine ausbilden. Jede ethische Neuerung, die sozial breit greift, muss schon früh vorbereitet werden, ob es nun um bioethische Fragen der Forschung, ökoethische der Energienachhaltigkeit oder gemeinwohlethische der Rückbindung geht.

Investitionen in Bildung, unter anderem in die Ausbildung eines hervorragenden Lehrkörpers, in Grundlagenforschung und bestens ausgestattete Bibliotheken, kämen einem zinslosen Kredit für die Gemeinschaft gleich. Zweifelsohne ist eine solche Investition immer auch eine ökonomisch sinnvolle Investition in künftige Arbeit und also künftigen Konsum. Investitionsprogramme in institutionalisierte Bildung sind im eigentlichen Wirtschaftswachstumsprogramme, weil besser ausgebildete Bürger dem Land durch höhere Produktivität größere Erträge bringen.

52.

Der ethische Mensch von morgen bindet sich in größtmöglicher Selbstbestimmung an den Anderen rück.

Nichts scheint in seelisch ausgedörrter Zeit notwendiger zu sein als das neu gegossene Fundament einer sozialen Ethik. Soziale Ethik ist eine Ethik des Sozialen: Sie weist den Weg für die Vergemeinschaftung des Einzelnen zum Wohle des Ganzen. Eine Sozialethik zielt schließlich auf die Wege des Sich-Verhaltens innerhalb eines Verhältnisses von Individuum und Gemeinschaft durch Vorbeugung sozialer und kultureller Schäden. Hier treffen die großen Problembereiche der nächsten Gesellschaft zusammen: die Neue Soziale Frage und die Spaltung in unsynchronisierbare Parallelgemeinschaften; Würde und Autonomie der Person, wenn es um Sterben, Krankheit oder die Forschung mit embryonalen Stammzellen geht; die politische Gestaltung der Gemeinschaft jenseits der selbstreferenziellen Rituale einer zunehmend blutleeren Volksparteiendemokratie.

Was alle Individuen künftig verbindet, sind in erster Linie die Probleme, die die Grenze jedes Ichs überschreiten. Aus der griechisch-antiken Gemeinschaft, der *polis*, ist bis heute zu lernen, dass als essenzielle Voraussetzung jeder Exekutive ein sozialer Konsens unabdingbar ist. Sozialer Konsens besteht im Gefühl der gegenseitigen Achtung und Bejahung ohne Bezug zu einer jenseitigen, einer transzendenten, übersinnlichen oder göttlichen Größe, deren Liebe und Neigung man sich durch Leistung, Unterordnung oder Anbetung verdienen muss. Es ist das Bekenntnis zur Zusammengehörigkeit, durch die jeder, der in eigenem Namen spricht, zugleich auch im Namen des Gemeinwohls auftritt. Gutes Denken im ethischen Sinn ist Denken im und für das Allgemeinwohl. Es setzt die Fähigkeit voraus, sich selbst als frei und doch als auf den Anderen bezogen zu verstehen.

Es wäre fahrlässig zu glauben, die Bestimmung des zeitgenössischen Individuums als dauerdynamisch wäre umkehrbar. Hinter das bekannte Ausmaß an Freiheit kommt man nicht zurück, selbst wenn man es wollte. Um das Höchstmaß an Freiheit für jeden Einzelnen aber zu wahren, zu schützen und gegen jede Einschränkung seitens des Staates, der Ökonomie oder der Gesellschaft an sich zu verteidigen, wäre es sinnvoll, das Soziale neu zu durchdenken. *Das Soziale* kann ja keine feststehende, amorphe Größe, keine Masse oder dergleichen sein, sondern ist notwendig ein System in permanenter Veränderung – eine Art Großverbund von dauernd sich teilenden Zellverbänden, an die das jeweilige Wir-Modul andockt. Wenn der Einzelne sich daran rückbindet, tut er dies in eigenem Namen und ohne seine Selbstbestimmung aufzugeben. Er kann aus einem Verbund ausscheiden und dem nächsten angehören, solange er die Verfahrensregeln respektiert. Auf diese Weise organisiert sich die Gemeinschaft in kleinen Einheiten, die man mikrosozial nennen könnte.

Was ist heute das Soziierende, das die vielen über die reine Verfahrenstechnik einer bürokratisch verschnürten Gemeinschaft hinaus bindet, anbindet, rückbindet? Was ist das Wohl im Gemeinen – und was das Gemeine im Meinen? Das Soziale der nächsten Gesellschaft definiert sich als das Soziierte freier, gleichwertiger und gleichrangiger Wir-Module zu *mikrosozialen Einheiten*, die von regenerativen Kreisläufen gespeist werden. Die Normen dieser Verbünde sind jeweils in den Verfahrensregeln begründet, die sie selbst in ständiger Entwicklung, Verwerfung und Neuformierung ausbilden und bewähren. Es organisieren sich mikrosoziale Einheiten, die mit anderen mikrosozialen Einheiten koordiniert, harmonisiert und synchronisiert werden müssen – nach Leitlinien und vertraglichen Regeln, die sie selbst untereinander festlegen.

Mikrosoziale Einheiten sind größer als ein Freundes- oder Familienverbund und kleiner als ein nationales Kollektiv. Sie entstehen, wenn Menschen mit unterschiedlichen Fähigkeiten und Interessen für die Dauer eines inhaltlich definierten Projektes in einem Distrikt zusammenfinden. Diese Einheiten können sich nach Kurzem wieder auflösen oder auf unbestimmte Zeit existieren und mit anderen koexistieren. Gibt es zwischen Projekten Schnittmengen, können sich mikrosoziale Einheiten zu größeren Koalitionen verschmelzen. Die Mechanismen makrosozialer Kreisläufe, die die globalisierte Weltwirtschaft über Kontinente hinweg etabliert, könnten genauso gut auf mikrosoziale Verhältnisse übertragen werden. Beispielsweise leben in den Metropolen Hamburg, Berlin, München und Köln hervorragende Modedesigner unterschiedlichster ethnischer Herkunft, doch produziert wird am Ort selbst so gut wie nichts. In jeder dieser Städte (und in Hunderten kleinerer) leben zudem Tausende von türkischen oder pakistanischen, rumänischen oder deutschen Frauen, die hervorragend nähen und schneidern können. Wenn sich Designer und Designerinnen, Näher und Näherinnen, Stoffproduzenten, Qualitätsprüfer, Vertriebstechniker und Betriebswirtschaftler zusammenschließen, könnten sie innerhalb eines Distrikts ihrer Stadt einen kreativen Kreislauf der Textilökonomie etablieren. Nichts müsste aus dem Distrikt ausgelagert werden. Innerhalb des Gebäudekomplexes wären ebenso Obst- und Gemüsehändler, Bäcker, Fleischer, kleine Supermärkte, Küchen oder Basare angesiedelt. Lässt man Menschen nach Eigentum, Gewinnstreben und Selbstverantwortung arbeiten, steigt die Motivation, und es entsteht von selbst ein mikrosozialer Markt, in dem jeder auf den anderen angewiesen ist. So könnten, durch staatliche Kleinkredite angeschoben, über mehrere Etagen in einem Gebäude Hunderte von Arbeitsplätzen entstehen. Ausgehend von anschwellenden Migrationsströmen in naher und mittlerer Zukunft, wären kreative Distriktkreisläufe das Abbild einer kosmopolitischen Mischung deutschsprachiger Bürger der Bundesrepublik, die in Eigenverantwortung ihre Geschäfte führen. Eigenverantwortung, das ist psychologisch unumstritten, stärkt soziale Gesinnung und motiviert Engagement. So würde der Staat durch mikrosoziale Kreisläufe statt Arbeitslosigkeit neue Arbeit finanzieren und das Gemeinwohl distriktweise stärken. Als neue Modelle mikrosozialer Einheiten könnten entweder Distriktgenossenschaften oder kleinteilige Gemeinschaftsmodule entstehen, Bildungs- und Gründerzentren, die über Arbeitsteilung und Nachbarschaftshilfe als Kleingemeinschaft funktionieren.

Dass kommunale, kommunen- und distriktgebundene Kreisläufe keine zartromantische Utopie eines weltfernen Träumers sind, zeigt die Idee vertikaler Integration des amerikanischen Textilkonzerns American Apparel seit gut drei Jahren. Produziert werden die auf den jugendlich-urbanen Konsumenten zugeschnittenen Waren ausschließlich in *downtown* Los Angeles. Die 5000 Näher dort erhalten einen Stundenlohn von durchschnittlich 12 Dollar, pro Jahr ein bezahltes Kontingent an frei verfüg- und gestaltbaren Tagen, darüber hinaus gratis eine medizinische Betreuung in der konzerneigenen Klinik, Zahnvorsorge, Verpflegungszuschüsse und, auch dies, frei nutzbare Fahrräder. Der stolzen Selbstbeschreibung zufolge spendet der börsennotierte Konzern jährlich Tausende seiner Hosen, Jacken, Shirts, Blusen, Hemden und Strumpfhosen an lokale Wohltätigkeitsverbände, stoffgewordene Almosen kurzum; er nutzt Sonnenenergie und ausschließlich organische Baumwolle. Ein so organisierter Betrieb ist überaus flexibel und reaktionsschnell, verliert keinerlei Kosten durch aufwendige Verschiffung und kann lokale Märkte ebenso schnell versorgen wie globale.

Weil so viel Vorbildlichkeit nicht immer glaubwürdig ist, soll die Kritik am Konzern nicht kleingeredet werden: dass etwa der Lohn ein Akkord- und kein Mindestlohn sei und das Unternehmen den Großteil seiner Produktion nicht in Los Angeles weben und färben lasse. An der richtigen Stoßrichtung einer auf diese Weise am Markt erfolgreichen und expandierenden mikrosozialen Einheit ändert das keinen Deut.

In der Gemeinschaft einer mikrosozialen Einheit wird aus der Ich-Monade ein Wir-Modul mit Ich-Teilhabe. Dieses Wir-Modul wiederum könnte mit anderen Wir-Modulen weltweit vernetzt werden. So entsteht eine über Interessen an kreativen Distriktkreisläufen im Textilgewerbe getragene internationale Gemeinschaft mit Herkunftsländern der Migranten. Durch vertikale Integration in der Produktion und horizontale Integration der Mitarbeiter unterschiedlicher ethnischer Herkunft bilden mikrosoziale Einheiten die Basis eines neuen Gesellschaftsvertrages, der ein Vertrag selbstbestimmter Individuen miteinander ist.

53.

Ein neuer Gesellschaftsvertrag synchronisiert Individualwohl und Gemeinwohl.

Der Gesellschaftsvertrag ist virtuell. Niemand hat mit seiner Unterschrift eingewilligt oder einen Entwurf gelesen. Er regelt keine Rechte und Pflichten. Genau genommen ist er die große Erzählung einer Gesellschaft von und über sich. Der Gesellschaftsvertrag wäre damit das Narrativ eines Programms zur Selbstregulierung und Sicherung des sozialen Friedens – eine Art Mythos der Hypermoderne, wenn man das Wort Mythos im Sinne des Religionstheoretikers René Girard als Antwort auf die Zerstörung einer kulturellen Ordnung versteht: Ein Mythos erschafft sich selbst als ein Ritual, das über die Erinnerung zu einer neuen Ordnung wird. Kulturgeschichtlich betrachtet, war der Mythos stets ein Mittel, Gewalt zu unterbinden, indem er an die Stelle allseits verbreiteter gegenseitiger Gewalt die ungeheure Übertretung eines *einzigen Individuums* setzte, eines Sündenbocks, der als versöhnendes Opfer Hass und Aggressionen auf sich zog.

Heute wäre dieses *einzige Individuum* die Figur des radikalindividualistischen Einzigen, der die Grenzen der kulturellen Ordnung auf exzessive Art übertreten hat. Im allgemeinen Ich des radikalen Individualisten könnte man das Opfer seiner selbst erkennen und das Narrativ eines neuen Gesellschaftsvertrags auseinanderstrebende Hass- und Ohnmachtsgefühle bändigen: die Ängste des Einzelnen, austauschbar, unbrauchbar, nutzfrei zu sein.

Die Idee eines neuen Gesellschaftsvertrags schließt eine Rückkehr zu militärischen, moralischen oder geografisch begründeten homogenen Gemeinschaften aus. Der Fortschritt besteht in der Bestimmung und Verknüpfung von Regeln durch alle für alle und fühlt sich der Realität eines Pluralismus verpflichtet. Der Gesellschaftsvertrag verpflichtet den Einzelnen, sein Individualwohl mit dem Gemeinwohl zu synchronisieren.

Jeder Einzelne geht durch die Teilnahme am Gesellschaftsvertrag eine Verpflichtung ein, die schlicht darin besteht, dass er teilnimmt. Was simpel klingt, ist durchaus komplex zu denken und wäre die hehre Aufgabe einer künftigen, groß angelegten Abhandlung. In nuce heißt das: Durch seine Teilnahme an einer mikrosozialen Einheit – ob durch Vertrag in einem Unternehmen oder eine Mitgliedserklärung oder durch den Eintritt mittels »Vereinsgebühr« in ein politisches, ökologisches, soziales oder kulturelles Projekt – bestätigt er als Repräsentant seiner selbst den Vertrag mit dem kleinen Allgemeinen. Mit seiner Haltung, durch seine Anschauungen und Überzeugungen kann er konstruktiv auf die mikrosoziale Einheit einwirken, was bedeutet, dass er aktiv zustimmt und nicht allein passiv untergeordnet ist.

Der Gesellschaftsvertrag, der Vertrag der Gesellschaft mit sich, ist ein Verbund aller dieser kleinen Verträge der Gesellschaft mit sich durch die Bürger als Teilnehmer. So bleiben Heterogenität und Pluralismus garantiert, ohne dass irgendjemand durch Gehorsam zur Unterzeichnung eines einzigen Vertrags gegen seinen erklärten Willen zur Zustimmung gezwungen wird. Der Vertrag wird zu einer politisch gewollten Abmachung, die jeden Tag aufs Neue durch das Bekenntnis der Vertragspartner zu den Synchronisierungsregeln der Verbünde bestätigt wird. Indem der Einzelne als Ich-Modul an den Verbund andockt, bestätigt er die Synchronisierungsregel. So ließe sich ein sozialer Verbund denken, der auf die Zugehörigkeitsloyalität seiner Teilnehmer setzen kann, ohne ihn dazu gesetzlich verpflichten zu müssen. Es wäre natürlich vollkommen absurd, in der Praxis vorauszusetzen, jeder Teilnehmer des Gesellschaftsvertrags müsse und könne ein gesunder, umfassend informierter und selbstständig urteilender Bürger sein, der seine eigene Vertragsschuld ständig begleicht.

Jeder Einzelne repräsentiert durch sich selbst die Idee des Menschseins und tritt als Repräsentant dieser Idee leibhaftig vor den Anderen, der den gleichen Wert repräsentiert. Der Repräsentant eines so hohen Wertes wie der Autonomie der Person kann niemals wertlos sein. Durch seine Teilnahme am Gesellschaftsvertrag repräsentiert jedes Individuum die Gemeinschaft.

Da das Repräsentative sich immer im Raum des Öffentlichen bewegt, ist das Öffentliche die Gesamtheit aller persönlichen Repräsentationen. Wenn also der Bürger der nächsten Gesellschaft als Träger der Idee des Gesellschaftsvertrags sich auf der Agenda der Öffentlichkeit präsentiert, repräsentiert er mit sich zugleich die Idee der Menschlichkeit. Das wäre die Idee des nächsten Bürgers, der nach der Wir-Norm erzogen wird.

54.

Die beiden zentralen Prinzipien des zu organisierenden Gesellschaftsvertrags sind Wertschöpfungs- und Beteiligungsgerechtigkeit.

Wertschöpfung ist das Gegenteil von Abschöpfung. Abschöpfung ist das Prinzip der Priorität kurzfristiger Gewinne im Einzugsbereich einer Logik der Entgrenzung. Wertschöpfung bezieht sich auf verallgemeinerbare Werte und normative Verabredungen; es bindet Denken und Handeln rück an reale Güter und Verhältnisse. Durch Rückbindung in der Dauer vollzieht sich eine Wertverlagerung, die zugleich Sinnverlagerung ist.

Beteiligungsgerechtigkeit besagt, dass alle, die an dem Vertrag teilnehmen wollen, teilnehmen *dürfen* und teilnehmen *können müssen.* Unbeantwortet bleibt dabei noch, was mit jenen geschieht, die daran kein Interesse haben. Der Bürger der nächsten Gesellschaft ist nicht mehr an das Beständige der Traditionen, Religionen und politischen Programme gebunden. Herkömmliche Ideologien, Normen und Dogmen spielen ebenso wenig eine Rolle wie biografische Herkunft. Der Bürger des Gemeinwohlverbunds auf bundesdeutschem Terrain innerhalb einer kontinental begrenzten Einheit Europas kann Deutscher, Türke, Portugiese, Amerikaner, Kasache, Chilene, Ghanaer, Mongole, Kambodschaner, Pakistani, Iraner oder wer auch immer sein. Die einzigen Voraussetzungen sind die Beherrschung der deutschen Sprache und die Einbürgerungsurkunde.

Man könnte sagen: Der Bürger steht in der Schuld des Verbunds und investiert sich ins Gemeinwohl, wofür er einen Kredit von *der* Gesellschaft erhält, die er ja selbst repräsentiert. Der einzelne Bürger besäße dadurch eine Art Aktie am Gemeinwohl und wäre Teilbesitzer einer mikrosozialen Gemeinschaft, für die er aus Eigeninteresse in dem Maße sorgt wie sie sich um ihn. Wenn wir von einem reflexiven Patriotismus ausgehen, der sich scharf vom Nationalismus abgrenzt – weil jeder Nationalismus den Bürgerbegriff metaphysisch einzwängt –, dann kann mit ihm eine Loyalität zum Gemeinwesen vorausgesetzt werden.

55.

Wohlstand soll nicht mehr materiell, sondern im Sinne eines Gemeinwohlstands verstanden sein.

Wenn *Gemeinwohl* der tragende Begriff einer neuen sozialen Ethik sein soll, muss klar sein, dass er über die bürokratische Verwaltung der öffentlichen Interessen durch den Staat hinausgeht. *Gemeinwohl* ist das Resultat vieler mikrosozialer Kreisläufe. Das kapitalistische System und die soziale Marktwirtschaft bleiben die unangetasteten Pfeiler eines Gemeinwohlstaates und seiner Loyalitäten. Vor allem wenn man unter *oikos* im antik-griechischen Sinne Haus und Hof, also rechtliches und politisches Obdach, kurzum: die mikrosoziale Gemeinschaft als organisierte Keimzelle der nächsten ökonomischen Gesellschaft versteht.

Da das Grundversprechen der sozialen Marktwirtschaft der Satz *Wohlstand für alle* ist, ist zu fragen, wodurch Wohlstand künftig definiert sein soll. Nimmt man als Bezugsgröße den Reichtum der Reichen, so ist ein hoher Prozentsatz der Bevölkerung arm – gemessen an der Armut osteuropäischer, asiatischer, afrikanischer, lateinamerikanischer Bevölkerungen jedoch reich. Es wäre ein Ausweis von Klug-, gar Weisheit, Wohlstand künftig nicht mit gestiegenen Zahlen, linear wachsenden Kurven und schwellenden Prozenten messen zu wollen, sondern an seine Entstehungsbedingungen, Folgen und sozialen Kosten rückzubinden. Wenn die Gemeinschaft die Kosten des Wohlstands mit Krankheiten, Steuerungsdefekten, Ängsten, Leid und Zerfall zu begleichen hat, ist es Unwohlstand. Die entscheidende Frage ist nicht, um wie viele Prozentziffern das Bruttoinlandsprodukt – der Wert aller in Deutschland hergestellten Güter und Dienstleistungen – anwächst, sondern in welcher Relation dasselbe zum Gemeinwohl steht. Wohlstand sollte nur als *Gemeinwohlstand* gesellschaftliche Geltung beanspruchen können. Im Wort »können« liegt dabei schon die angesprochene Wert- und Sinnverlagerung: Statt materieller Wohlstandsmehrung hätten wir Mehrung des menschlichen Wohlstands durch Zufriedenheit und Sittlichkeit. Diese Werte – das wird immer klarer – befördern das Glück eher als Akkumulation von Geld und Gut, indem der Mensch wieder ins Zentrum aller politischen, kulturellen und ökonomischen Überlegungen gestellt wird: in Räumen, in denen er sich gerne aufhält, in Kreisläufen, wo er kommuniziert und Gemeinschaft erfährt, in der Gegenseitigkeit der Anerkennung, die weder Wachstum noch Steigerung benötigt, sondern Einfühlung, Inspiration und Kreativität.

56.

Ein jährlich korrigierter Gemeinwohlindikator, kurz »GWI«, definiert die Qualität des Gemeinwohls der res publica *mit Rücksicht auf das Bruttoinlandsprodukt.*

Ein neu zu konstituierender Gemeinwohl-Rat verleiht Gemeinwohlzertifikate an jene Betriebe und Unternehmen, die eine bestimmte Höhe an Gemeinwohlindikatoren aufweisen. Ihre Höhe ist politisch auszuhandeln und festzulegen. Der Gemeinwohl-Rat rekrutiert seine Mitglieder selbst. Der Geburtsfehler eines solchen staatlichen Rates besteht wie immer in fehlenden oder nicht objektivierbaren Kriterien zur Rekrutierung der Personen. Postenschacherei, mangelnde Berufungstransparenz und politisch motivierte Personalien gehören zu den demokratietypischen Defekten, die nicht zu verhindern sind.

Der GWI ist zugleich das statistische und kulturelle Gedächtnis des Gemeinwohlstaats. Er könnte die Besitzenden durch sozialen Druck nötigen, sich um Achtung bei den Mitmenschen zu bewerben. Über den GWI könnte die Gesellschaft ihre Unternehmen dazu »erziehen«, dass sie nicht nur in Produktivitätssteigerung, sondern ebenso in die Diskursfähigkeit der Mitarbeiter und in die Bildung der Konsumenten investieren. Konzerne müssten durch den Druck der etablierten Wir-Norm genötigt werden, sich stets neues Prestige zu erkämpfen, indem sie für den eigenen Erfolg gemäß dem GWI ihre *Gemeinwohlstandstransparenz* unter Beweis stellen. Konsumenten würden die entsprechenden Produkte nur noch dann kaufen, wenn ihre Entstehungsbedingungen oder Nebenfolgen künftige Generationen in ihrer positiven Freiheit nicht einschränken.

Ein neues Verhältnis von Qualität und Quantität muss insofern austariert werden, als Produkte aus Herstellung mit hoher Gemeinwohlindikation höheres Ansehen genießen. Qualität sollte sich auch über die Produktionsbedingungen definieren. Es müsste so weit kommen, dass am Markt nur überleben kann, was an ein Ethos der Nachhaltigkeit rückgebunden ist, und nur an das Gemeinwohl rückgebundene gesellschaftliche Positionen und Leistungen sollen als wertvoll erscheinen. Eine auf lange Frist angelegte Ökonomie schließt im übrigen den Gedanken mit ein, dass auch die Natur Trägerin von Zukunftsrechten ist: Wer braucht und verbraucht, muss dafür sorgen, dass sich die Grundlagen regenerieren. Man könnte sogar *der Natur* den Status als Subjekt zuzuerkennen. Dann wäre unser Verhältnis zu ihr ein ethisches, auf Achtung und Würde basierendes.

Seit Kurzem ziehen einsichtige Ökonomen verstärkt soziale Indikatoren wie das Streben nach und die Bedingung für Glück in den wirtschaftswissenschaftlichen Diskurs über die Zukunft der Arbeit mit ein. Der einflussreiche englische Nationalökonom Richard Layard, Gründer und Direktor des *Centre for Economic Performance* an der *London School of Economics*, suchte unter dem Rubrum »glückliche Gesellschaft« erst nach therapeutischen Möglichkeiten von chronischen Angststörungen wie Depressionen und empfiehlt jetzt den Menschen zur Steigerung ihres Glücks »gemeinsame Ziele«, auf die sie hinarbeiten können.

Es ist ganz im Sinne der hier geforderten Charta des Gemeinwohls, wenn Layard das Zwischenmenschliche als Wert an sich stärken und Mitgefühl als ökonomischen Produktionsfaktor begreifen will.

57.

Zeit muss wieder als Wert an sich verstanden werden.

Verbindlichkeit und Vertrauen in den guten Gang der Dinge sind zwei Eigenschaften, die wir zur Sicherung des sozialen Friedens, des gesellschaftlichen Ausgleichs zwischen Arbeit und Leben, Haben und Nichthaben, heute am *dringendsten* herstellen müssen. Sie entfalten sich nur, wenn alle sich auf die selbstbestimmte Verfügung von Zeit verlassen können. Die Entkopplung von *Zeit* und Wachstum hat sich, wie bekannt, gerade als fatal, fehlerhaft und verhängnisvoll herausgestellt. Die gegenwärtige Fundamentalkrise, die in erster Linie eine Krise der »Zeit« ist, lehrt ja eindrücklich den Zusammenhang zwischen Zeit und Zerfall. Durch die Aufhebung der Zeit in ihrer Verdichtung hebt sich das System aus den eigenen Angeln. Zeit ist nichts anderes als Lebenszeit. Also ist Zeit Leben. Leben kann es nur in der Zeit geben. Ist Zeit aber virtualisiert und verdichtet, verliert das Leben seine Verortung.

Nur in der Dauer schöpfen sich Werte, und Wertschöpfungsgerechtigkeit zum Beispiel ist soziale Gerechtigkeit, die dem Einzelnen die Organisation seiner Zeit *selbst* überlässt, seine Freiheit und mit ihr den *Wert des Lebens* steigert, solange diese Freiheit der eigenen Zeitgestaltung nicht die Freiheit der Zeitgestaltung des Anderen einschränkt oder verletzt. Der sogenannte flexible Mensch ist nicht der, der sich am besten den Imperativen einer flexibilisierten Wirtschaft anpasst; der flexible Mensch muss der sein, der selbst bestimmt, wann er wo und wie Zeit und Kraft investiert. Wohlstand ist auch Zeitwohlstand, das heißt: Wohlstand bemisst sich an der durch Qualität bestimmten Quantität von selbst verfügbarer Zeit. Selbstbestimmung ist Eigenzeitbestimmung.

Für das Gemeinwohl hat Zeit als internes Organisationsprinzip eine immense Bedeutung.

Jeder, ob Gruppe oder Individuum, muss in seinem eigenen Tempo vorangehen dürfen. Das ist in erster Linie eine Frage der Erziehung zu *Zeit-Bewusstsein*. Erfahrung geschieht immer erst in der Zeit, also zielt eine Erziehung zu *Zeit-Bewusstsein* auf zurückgewonnene Souveränität. Erst wer Zeit als solche wahrnimmt, erkennt ihren wahren Wert. Oder andersherum: Erst wer den Wert der Zeit erkennt, kann sie bewusst wahrnehmen. Durch gewonnene *Zeit-Souveränität* erfährt das Leben eine Bewusstseinssteigerung.

Vom Wunschdenken ganz abgesehen gibt es tatsächlich schlagkräftige Beispiele eines derartigen Wandels: die *Slow-Food*-Bewegung und den internationalen Verband der *Città Slow*, der *Langsamen Städte* und ihrer organisierten Entschleunigung. Schon 1986 wurde in der piemontesischen Kleinstadt Bra als Antwort auf die beginnende Entgrenzung und Entflechtung der Wirtschaft (besonders in der Landwirtschaft) die *Slow-Food*-Bewegung gegründet: als Vereinigung der langsamen, guten, regional geprägten Küche. Ziel war damals eine Wirtschaftsform, in der lokal produziert und konsumiert wird. *Slow Food* hat Züge einer neuen Humanität, über die das Verhältnis zwischen Ethik und Ästhetik neu definiert wird: Die Erziehung zu Zeitbewusstsein und Geschmack führt zu neuer Sensibilität für soziale Gerechtigkeit und ökologische Ethik. Kurz gesagt: Nur was nachhaltiger Produktion entspringt, besitzt die Schönheit des guten Geschmacks.

Zwanzig Jahre später, in den Jahren 2005 folgende, tritt, ebenfalls aus Italien kommend, die *Cittá-Slow*-Bewegung auf die Agenda. Sie besteht aus einem Zusammenschluss vornehmlich von Kleinstädten, die sich, analog zur *Slow-Food*-Bewegung, dem Prinzip der Nachhaltigkeit und Zeitsouveränität, ergo: der Langsamkeit, verschreiben. Langsam heißt wohlgemerkt lebenswert und setzt den globalkapitalistischen Kreisläufen gezielt regionale Kreisläufe entgegen. In den »langsamen« Städten sind Handelsketten unerwünscht, alteingesessene Betriebe werden bewusst gefördert, historische Flächen aus vorangegangenen Jahrhunderten einfühlsam kultiviert. Die Bauern vermarkten direkt, Busse tanken Erdgas, und in den Gaststätten kommt, auch wenn das Lamm ein paar Cent teurer ist, nur »Heimat« auf den Teller.

Wird durch steuernde Anreize *Zeit* nicht länger quantitativ bewertet, erhält sie einen Qualitätswert an sich. Wer über die Herkunft seiner Nahrung nachdenkt, wird die Zyklen der realen Natur wertzuschätzen beginnen. Autarkie, das lehrt die *Città-Slow*-Bewegung, kann ein genussvoller Luxus sein, der einen letztlich aufmerksamer, sorgfältiger, authentischer und menschennäher werden lässt. Das Recht auf eigene Zeit ist als Recht auf selbstbestimmtes Leben ein Stück zurückgewonnener Humanismus.

58.

Ein humanistischer Liberalismus könnte die geistige Grundlage einer sozialen Ethik der nächsten Gesellschaft bilden.

Er ist nicht dem besitzenden Bürger und nicht dem um Besitz kämpfenden Arbeiter verpflichtet, sondern dem autonomen Individuum, das im Verhältnis zum Anderen die Idee der Freiheit exerziert. Der Begriff *humanistisch* versteht sich im Sinne des sich selbst wählenden Individuums, das im Bilde über sich und sein Verhältnis zur Realität ist. Humanistisches Handeln ist ein

Handeln der Wertschöpfung. Der Begriff *liberal* versteht sich im Sinne der Grundlegung des Gesellschaftsvertrages, wonach jedem Bürger als Person die aktive Teilnahme am politischen Prozess zu ermöglichen ist. *Liberal* ist das, was Beteiligungsgerechtigkeit ermöglicht.

Ein *humanistischer Liberalismus* wird womöglich die einzige Geisteshaltung sein, die den Problemen der komplexen Gesellschaften und gesellschaftlichen Komplexität im 21. Jahrhundert gerecht werden kann. Es geht ihm im Kern um neue Loyalitätsbeziehungen auf der Grundlage einer wiedergewonnen Freiheit: Das erschöpfte Ich, das über seine Verhältnisse lebte, findet durch die Repräsentation des Wertes der Menschheitswürde in sich ein neues Verhältnis zur Gemeinschaft. Es sucht nach loyalen Verbindlichkeiten und verbindlichen Loyalitäten.

59.

Die gesamtgesellschaftliche Anstrengung der kommenden Jahre muss darin bestehen, eine Charta des Gemeinwohls zu verfassen.

Die Neue Soziale Frage spaltet, statt zu binden; das ethische Fundament bröckelt, statt zu kitten, und das Politische ist in der Krise, weil die operative Politik die Umbrüche vom alten zum neuen Bürger nicht ausreichend reflektiert. Jede Generation steht in der Pflicht, ein womöglich verbessertes, zumindest aber ein bewahrenswertes Gesellschaftsmodell anzubieten und allen Teilnehmern der Republik zur Diskussion zu stellen.

Die *Charta des Gemeinwohls* könnte der Nukleus der nächsten Gesellschaft sein. Sie könnte eine Demokratie neuer Bürger möglich machen – auf der geistigen Grundlage eines humanistischen Liberalismus mit den Leitwerten Wertschöpfungs- und

Beteiligungsgerechtigkeit. Als soziale Macht wäre die *Charta des Gemeinwohls* eine Komplementärkraft zu der in der globalen Wettbewerbswirtschaft kaum zu zähmenden Machtbasis oligopolistischer Unternehmen.

Ihre Mindeststandards könnten dazu beitragen, drei akute Bedrohungen des sozialen Friedens zu verhindern:

Erstens können Leerräume, in denen rechtsextreme National- wie linksextreme Sozialrevolutionäre nach Art des Rattenfängers mit ihren Flöten säuselnd Gefolgschaften anlocken, zu einer außerparlamentarischen, antidemokratischen Bedrohung werden.

Zweitens kann die wachsende Atomisierung Einzelner zu einer radikalen Fragmentierung der Gesellschaft führen. Schlimmstenfalls könnte sich diese im anarchistischen Wutanfall eines Amoklaufs Bahn brechen und in einem Dominoeffekt zu einer kollektiven Entladung aufgestauter Massenenergien führen.

Drittens können sich Parallelgesellschaften unkontrollierbar verselbstständigen. Unsynchronisierbare Gemeinschaften mit unverbindlichem Rechtsstatus – seien sie nun islamistisch, radikalchristlich oder sozial-prekär – könnten als Truppenverbände der Ausgeschlossenen in einen Kriegszustand eintreten. Es könnte zum Kampf kommen mit einer ebenfalls isolierten Oberschicht, welche durch Privatarmeen ihren Status schützt, oder gegen andere religiöse Gemeinschaften, die erfahrungsgemäß die letzte Zuflucht perspektivloser Migranten oder Jugendlicher sind.

Die Arbeit des Einzelnen am Gemeinwohl soll als Arbeit am gesellschaftlichen Bewusstsein verstanden werden. So könnte der überdehnte Individualismus überwunden werden, ohne seine Grundlagen der Selbstwahl anzutasten, dabei aber das historische Maß an Freiheit, das dem Individuum heute zukommt, in jedem Fall gewahrt werden. Dabei steht das Wohl des Einzelnen immer über dem Wohl der Gemeinschaft, aber nie gegen das Gemeinwohl.

Die Idee einer Gemeinwohlgesellschaft hat genug anwendbar-kreatives Potenzial, um, wie es einst bei der feministischen und der ökologischen Bewegung gewesen ist, eine neue soziale Bewegung loszutreten. Eine solche soziale Bewegung, die für Gemeinwohlloyalität eintritt, könnte durch die Blogosphäre und spezielle Internetforen ihr Anliegen ungehindert artikulieren. Sie könnte andere in offener Diskussion überzeugen, eine wachsende Gefolgschaft finden und durch Vernetzung zu einer nicht mehr ignorierbaren politischen Macht werden. Dafür muss kein einziger Pflasterstein geworfen werden. Und wenn Werbeagenturen schließlich erkennen, dass dem neu geschaffenen Gemeinwohlbewusstsein des Konsumenten jene Güter attraktiv erscheinen, deren Produktion oder Verkauf an soziale Ethik rückgebunden ist, wäre der erste Schritt einer neuen kulturellen Ordnung des Gemeinwohls getan.

60.

Ein Gemeinwohlmarkt muss den Markt ökonomisch-quantifizierbarer Größen flankieren.

Dieser Essay versucht hoffentlich nicht vergeblich, in einem Gesellschaftsvertrag das Narrativ einer neuen sozialen Identität zu skizzieren, und will sich bescheiden, aber deutlich in die politische Debatte einmischen. Damit es gelingt, den Geist einer Gesellschaft mit den Ideen einer neuen sozialen Ethik des Gemeinwohls zu befruchten, müssen in einer Bürgerdemokratie die Repräsentanten, die Politiker, den Repräsentierten, den Wählern, Politik nach Gemeinwohlindikatoren erklären. Sie müssen eine neue Sprache finden, deren Referenzpunkt der Ausdruck »Gemeinwohl« ist.

Analog der Betriebsversammlung von Großkonzernen müsste es eine halbjährliche Sozialversammlung geben, auf der der GWI vorgestellt, beraten und im Blick auf die Charta des Gemeinwohls verbessert wird. Diese Versammlung könnte über ein extra dafür entworfenes Internetforum einberufen werden (unter der Voraussetzung, dass so gut wie jeder Bürger ungehinderten Netz-Zugang hat). Wenn sich die Menschen künftig immer stärker bürgerdemokratisch und nicht parteipolitisch engagieren, wäre diese prozedurale Form der Demokratie ein geeignetes Korrektiv zu einer möglicherweise degenerierten, sicher aber ermatteten Demokratie, die den einzelnen Bürger weitgehend aus dem Blick verloren hat.

Wie ein neuer Wachstumspfad gefunden und wie die Umverteilung von Einkommen organisiert werden kann, ohne dadurch bestimmte gesellschaftliche Gruppen dauerhaft zu demotivieren, ist eine der sozialpolitisch drängendsten Frage der Zukunft. In dieser Situation müsste die Aufgabe einer klugen exekutiven Politik doch darin bestehen, nicht mehr nur am eigenen Image als Problemlöser zu arbeiten, sondern mithilfe staatlicher Steuerungsinstrumente einen sozialversicherungspflichtigen Gemeinwohl-Markt zu organisieren, der den Begriff »Leistung« nach Kriterien der Rückgebundenheit und Wertschöpfung neu bewertet. Jeder Nachbarschaftshelfer, Mediator, Bildungslotse und Familiendienstleister würde auf diesem Markt ebenso als Leistungsträger eines Gemeinwohlstaates angesehen wie nach wie vor auch jeder Manager, Banker, Arzt oder Unternehmer.

Die entscheidende Frage aber wird sein: Wie lassen sich Anreize und Mehrwert aus der Synchronisierung der einzelnen Individuen mit dem Gemeinwohl ziehen, ohne dass die Grundversorgung in den Sog des Ökonomischen gerät? Wie immer in Zusammenhängen ökonomischer Motivation, persönlicher Ambition und gesellschaftlicher Prosperität müsste ein neues Anreizsystem verabredet werden, nach dem Gemeinwohlverhalten belohnt wird.

Da kapitalistische Systeme per se flexibel und rastlos auf der Suche nach Einflussmöglichkeiten auf neue Felder und Bereiche sind, müsste man naturgemäß die Not zur Tugend machen und neu bestellte Felder sozialer Ethik kapitalisieren. Kapitalisieren heißt nicht zwangsläufig privatisieren, bis das Maximum am Markt erreicht ist, sondern heißt auch: durch Wettbewerb innerhalb festgesetzter Rahmenbedingungen aufwerten und auf diese Weise *Wert* schaffen. Das kann nur durch Überzeugung und Bewusstseinswandel geschehen. Wenn man den Wettbewerb, wie es der österreichische Ökonom Friedrich von Hayek getan hat, mit einem Spiel vergleicht, über dessen Regeln als neutraler Schiedsrichter die Gemeinschaft in Gestalt des Staates wacht, dann besteht für jedermann die gleiche Chance, nach diesen Regeln zu verfahren und auf die Funktionsfähigkeit des Systems zu vertrauen. Das Ergebnis des Spiels aber ist offen und mitzuspielen immer ein Risiko.

Einem *humanistischen Liberalismus* müsste es gelingen, innerhalb eines gezähmten Systems dem Individuum wieder ein Selbstwertgefühl zu vermitteln, das einen Wert nicht nur dann hat, wenn derselbe als ökonomischer Nutzen quantifizierbar ist. Menschen wollen und müssen gebraucht werden, und gerade die Frage »Wer braucht mich?« ist heute so gut wie obsolet. Ein sozioökonomisches Regime aber, das Menschen keinen tiefen Grund gibt, sich umeinander zu kümmern, kann – wie Richard Sennett trefflich erkannte – seine Legitimität nicht lange aufrechterhalten.

3. Teil

Fragmente eines neuen Gesellschaftsvertrags

61.

Der neue Gesellschaftsvertrag trägt sowohl der Freiheit des Individuums als auch dem Gemeinwohl Rechnung.

Man wird es niemals schaffen, »Gesellschaft« als fixierten Raum festzuschreiben, in dem alle Einzelinteressen übereinstimmen. Eine derartige *volonté générale* im Rousseau'schen Sinne, einen eindeutig formulierbaren Gemeinwillen, wird es in einer pluralistisch zerfaserten, in weltanschaulicher Diversität eingerichteten Lebenswelt nicht mehr geben. Eine solche durch den Willen zu einer Homogenität erzwungene Reduktion wäre im Gegenteil fatal und widerspräche der Bestimmung der künftigen *res publica* grundlegend. Die Hoffnung von Rousseaus *Contrat Social* war die auf ein gesellschaftliches Band als Gemeinsames von unterschiedlichen Interessen – eine Hoffnung, der allerdings schon Rousseau selbst nur geringe Chancen auf Verwirklichung einräumte. Was wäre dieses Gemeinsame jenseits des Einzelinteresses? Worin könnte das Überindividuelle bestehen? Wo fängt die Autorität der Gesellschaft über das Individuum an, ohne das Individuum in die Gemeinschaft einzuzwängen? Reicht es schon, den radikalen Individualisten zu ermahnen, er möge doch bitte mehr an die Gemeinschaft denken oder sich in einer Kultur der Gemeinsamkeit engagieren, auf dass ein Mentalitätswandel sich von selbst einstelle?

Wenn Kultur die Gesamtheit der Theorien, Überzeugungen, Vernetzungen, Künste, Erkenntnisse und Wissenschaften zu einem bestimmten Zeitpunkt bedeutet und wenn kulturelle Evolution darin besteht, dass diejenigen überleben, die am besten an die Marktbedingungen angepasst sind – warum organisiert die Politik als Repräsentanz des Bürgerwillens dann nicht neue Märkte? Sie könnte als Gütesiegel ein *Gemeinwohl-Prädikat* verleihen, das mittelfristig Prestige verschafft und auf das Firmenimage zurückwirkt. Jedes Unternehmen hätte auf diese Weise eine Rechtfertigungspflicht für seine Strukturen. Gesund wäre es dann, wenn es eine hohe Gemeinwohlindikation, das heißt strukturelle Rückbindung, aufwiese: an die Mitarbeiterschaft durch Gewinnbeteiligung, an das Eigenkapital des Vorstands durch Haftung für riskante Investitionen sowie an die Entstehungs- und Folgekosten der Produktion. Bisher hatten Konzerne jegliche Konsequenz, die nicht mit der Maximierung ihres Profits zu tun hatte, auf das Andere, auf die Gesellschaft, die Politik, die Umwelt, die Nachkommen abgeschoben; die Wirtschaftswissenschaft nennt diese kultivierte Verantwortungslosigkeit des Abwälzens von Schuld und Schulden »Externalisierung« der Folgen.

Mit einer an den staatlich geförderten Gemeinwohlmarkt rückgebundenen Marktwirtschaft als Betriebssystem könnte man sich an eine lebens- und tragfähige Demokratie im 21. Jahrhundert annähern. Ihr sozialer Zusammenhalt ist die Voraussetzung dafür, dass jeder die Chance hat, seine Meinung im Austausch mit anderen in einem Diskussionsprozess zu bilden oder zu revidieren. In ihr wäre jeder Bürger ein zuverlässiger Vertragspartner, der sich selbst repräsentiert und seine Interessen und Bedürfnisse gemäß der Wir-Norm verhandelt. Als Teilnehmer eines mikrosozialen Verbunds verhandelt er seine Aktie an der Gemeinschaft, deren Miteigentümer er ist.

Weltvermittler und Meinungsführer einer kulturellen Ordnung – Zeitungen, Magazine, Verlage, Funk- und Fernsehhäuser, Lehrer, Dozenten, Politiker, Priester, Intellektuelle, Schriftsteller, Künstler, Musiker –, sie alle müssten dauerhaft auf diesen Wandel hin arbeiten: auf eine Wertverlagerung, die zugleich Sinnverlagerung ist. Sie erfordert vor allem anderen die Bewusstseinsverlagerung vom Ich zum Wir.

Eine *Charta des Gemeinwohls* wäre die sittliche Grundlegung eines Gesellschaftsvertrages, der ein Programm zur individuellen Selbstregulierung, aber auch zur allgemeinverbindlichen Sicherung des sozialen Friedens vorstellt. Sie wäre das Fundament einer praxisbezogenen sozialen Ethik.

62.

Das Bundespräsidialamt muss zur Agentur für »Deutschlandgespräch« und Gemeinwohldebatten werden.

Die Krise des Intellektuellen ist letztlich auch eine Krise der Repräsentation und der Repräsentanten. Dass just an dieser Stelle eine Betrachtung über den Bundespräsidenten folgt, kann nur den überraschen, der in ihm einen dekorativen Grüßgottaugust sieht, den man hinters schalldichte Schaufensterglas der Republik verbannt und ihm, so er sittsam lächelt, ebenso höflich, ansonsten aber gleichgültig begegnet.

Der Bundespräsident als solcher, unabhängig also von der Person Horst Köhlers gesprochen, repräsentiert den deutschen Staat und also das deutsche Gemeinwesen. Er ist, obwohl in der operativen Politik zahnlos, als Repräsentant der Republik auch der Repräsentant ihrer geistigen Grundlagen. Wegen seiner Jenseitigkeit im exekutiven politischen Geschäft könnte keiner in Deutschland von einer höheren Repräsentationsstufe herab einen Bewusstseinswandel anstoßen, keiner rücksichtsloser eine geistige Agenda setzen als der Bundespräsident.

Es ist in den vergangenen Jahrzehnten gelegentlich bemerkt worden, dass Ansätze zum Grundsätzlichen, die über Stichwortgeberei hinausgehen, dem einen Amtsträger besser gelangen als dem anderen. Zu tun hat dies auch mit intellektuellem Charisma. Charisma aber, diese »Gnadengabe«, kann man ebenso wenig be- oder herstellen wie präsidiale Fürstlichkeit oder großen Stil. Also geraten in Deutschland mit wenigen Ausnahmen solche Persönlichkeiten in das höchste Amt, die parteitaktischer Arithmetik oder Zweckgesinnung und deswegen nicht selten der Biederkeit der Masse entsprechen. Dem Konstruktionsfehler der grundsätzlichen Mediokrität ließe sich allenfalls mit der Wahl des Präsidenten durch das Volk begegnen, die groteskerweise vermutlich auf einen Fußballtrainer oder Fernsehmoderator, gefährlicherweise auf einen reaktionären Hitzkopf fallen würde, der in der Lage wäre, Mehrheiten zu organisieren oder sich Stimmen zu erkaufen. Deshalb ist es Zeit für einen Traum.

Der Bundespräsident (oder, eines schönen Tages, die Bundespräsidentin), der, im Sinne des Wortes, dem Bund aller Bürger und somit allen Bürgern *vorsitzt*, müsste die Schaltstelle politischer Ethik der Republik schlechthin sein, ein Bürger der Bürger, der dem Land vor- wie nachdenkt und Zugriff hätte auf eine Akademie der besten Köpfe, die um das Schloss Bellevue herum aufgebaut wäre – ausgewiesene Persönlichkeiten jedes Geschlechts, jeder ethnischen Zugehörigkeit, jeder sexuellen und religiösen Orientierung, die eine Art Thinktank bilden, aus dem heraus Vorschläge für die nächste Gesellschaft erarbeitet würden.

Keine andere Instanz als diese Bundespräsidial-Agentur hätte die Legitimation für eine Agenda der höchsten Werte. Sie könnte auf völlig neue Formen direkter Ansprache zugreifen; die digitale Technologie eröffnet der Diffusion von Ideen, Gedanken und Vorschlägen in die Gesellschaft neue Wege. Eine monatliche Ansprache über das Internet, flankierende Chatrooms und von einem Heer an Mitarbeitern aufbereitete, aktualisierte und das Wissen vertiefende Hintergrundseiten würden die Bürger mit Inspiration und Initiativen versorgen, würden aufklären, aktivieren, animieren. Es gäbe neben der privatwirtschaftlich organisierten Medienindustrie eine zweite Öffentlichkeit, die weniger mit netten Bildergalerien, adretten Einblicken in den Amtssitz des Präsidentenpaars oder einem *Wissensquiz* in der Rubrik »Wissenswertes & Unterhaltsames« arbeiten sollte als vielmehr mit Foren, Debatten und Plattformen zu den auch in diesem Essay angesprochenen Themen: zur Neuen Sozialen Frage, zum ethischen Fundament, zum Wandel des Politischen und zum gesuchten Narrativ für die nächste Gesellschaft. Der ideale Bundespräsident ließe von seinen Reden Clips anfertigen, von Profis choreografierte Filme, die, nach dem Stand der Kunst geschnitten, in völlig verschiedenen Internetportalen zu finden wären. Im besten Fall zeigte er, ohne dass dies seine Geistesgegenwart in Zweifel zöge, dass er selbst auch dazu in der Lage ist, Podcasts herunterzuladen.

Es muss in einem Gemeinwesen eine offizielle Instanz geben, die das Intellektuelle verkörpert, das Geistige befördert, das Normative anstößt vor dem Hintergrund von Überalterung bei gleichzeitiger Verschuldung. Wer Zukunft denkt und formuliert, muss ihre Sprache sprechen. Wer Hoffnung machen will, muss hoffnungsvoll reden. Wer Mut machen will, muss mutig reden. Wer mitreißen will, muss mitreißend reden. Wer den Aufbruch vermitteln will, muss seine Sprache aufbrechen. Die Krise des Intellektuellen, die eine Krise der Repräsentation ist, ist letztlich eine Krise der öffentlichen Rhetorik. Die offizielle Rhetorik deutscher Spitzenpolitiker setzt sich zusammen aus Parteideutsch, Rechtfertigungsdeutsch und Beschwörungsdeutsch. Parteiredner schaffen es, der deutschen Sprache mit Floskeln, Soundbites, Phrasen, Hülsen und falschen Bildern ohne Scham die letzte Vitalität auszutreiben und den amtlichen Rest entweder in Grund und Boden zu verspröden oder mit pastoraler Pathetik in eine unangebrachte Metaphernmühle zu zwängen: »Im Übrigen haben wir letztes Jahr« oder »Dies ist die Stunde« oder »Dies ist ein Tag der Freude«, was parteipolitikrhetorisch intoniert genauso klingt wie »Dies ist ein Tag der Trauer.« *Horribile dictu*: Die Kunst der politischen Rhetorik ist in dem Maße verloren gegangen, in dem sich Politik zum inzüchtigen Betrieb mit strenger Disziplin gewandelt hat, der nur jene Gewächse zulässt, die aus seinem Treibhaus stammen. Wer gegen die Geschlossenheit des Bezugssystems verstößt, muss im übertragenen Sinne mit Züchtigung rechnen. Was Sprach- und Sprechkultur betrifft, herrscht in der Politik folglich Kleingärtnergeist.

Wörter werden falsch verwendet, durch Floskeln wird Sinnerfüllung verhindert. Der Satzbau von Ministern ist schlicht (weil er es sein muss?), der Wortschatz von Abgeordneten begrenzt. Pathos im Parlament stellt sich allenfalls über Lautstärke und nicht mehr über Komposition, Dramatik oder die Pointe einer Rede her. Das Parlament ist nicht mehr die große Arena für ein Feuerwerk, wo der Streit ums beste Argument den Sinn der Demokratie erfüllt. Es ist die Öde eines Verwaltungsamts für politische Technokratie. Weil Politik immer mehr Hinterzimmerpolitik wird und die Erregungsgesellschaft damit beschäftigt ist, die nächste Sensation, den nächsten Superlativ zu verarbeiten, ist ein Politiker gar nicht mehr gezwungen, eine angemessene Sprache zu finden, um Sachprobleme für alle Schichten und Milieus nachvollziehbar und erschöpfend darzustellen, auf dass sich der mündige Bürger sein eigenes Urteil bilde. In einem Wort gesagt: Die politische Sprechkultur der Berliner Republik ist zu großen Teilen ein Plattitüden-Produktionsverfahren. Die Massenmedien haben einen erheblichen Anteil am Nullgehalt der öffentlichen Rede: Sie überheizen aus Gründen der Sehnsucht nach Selbstlegitimation, Quoten- und Auflagensteigerung die Betriebstemperatur des Circus maximus, den Politiker wiederum gerne zur Selbstinszenierung nutzen.

Wenn deutsche Abgeordnete historische Analogien anwenden, blamieren sie sich regelmäßig nicht nur mit ihrer historischen Unkenntnis, sie bieten darüber hinaus willkommene offene Flanken für den politischen Gegner an: wenn etwa ein SPD-Politiker über die Aktualität des Satzes »Arbeit macht frei« nachdenkt oder der Generalsekretär der FDP die Große Koalition mit der DDR-Volksfront vergleicht. Alle Falschversteher fühlen sich gewiss falsch verstanden. Verstehen wir das richtig, ist »Verstehen« also nicht eben einfach. Vor diesem Hintergrund ist der immer wieder von Persönlichkeiten des öffentlichen, gerne politischen Lebens gesuchte Gebrauch von Vokabeln des »Dritten Reichs« eines der faszinierendsten, verstörendsten und lustigsten Phänomene deutscher Sprechkultur. Wer Nazivokabeln zitiert, kann eines sicher verbuchen: höchste Aufmerksamkeit. Einer Analogie oder Anspielung folgt sogleich die öffentliche Erregung, dieser wiederum die Rituale der Reuebekenntnisse, Klarstellungen, Entschuldigungen und Aufforderungen zur Entschuldigung oder zum Rücktritt. Zu einer neuen Grammatik der öffentlichen Rede, ja wenn man so will, zu einem politischen Sound der iPod-Epoche ist unter den öffentlich hörbaren deutschen Spitzenpolitikern gegenwärtig anscheinend keiner in der Lage. Niemand, der allein durch seine so ehrliche wie kluge Rede Begeisterung hervorrufen könnte, in Bildnissen, die Authentizität beanspruchen können, mit der Dynamik einer beschwingten Ouvertüre, die noch beeindruckender wäre, spräche der Redner frei, ohne braves Ablesen eines vom Redenschreiber formulierten Manuskripts.

Es wäre naheliegend, im amerikanischen Präsidenten Barack Obama den Beginn einer neuen Epoche zu sehen: durch eine neue Rhetorik als neuen Stil, als neue Form der Ansprache. Einen Großteil seiner unzweifelhaften Faszination macht aus, dass Obama durch seine Sprache Hoffnungen mobilisieren kann, Träume reanimieren, Sehnsüchte wecken. Er versteht es, Politik mit Pathos zu versöhnen, ohne schwülstig zu klingen. Wahres Pathos spürt der Mensch. Es entspringt der eigenen Begeisterung und besitzt die Glaubwürdigkeit des Authentischen. Haltung und Authentizität machen eine gute Rede aus. Der Mensch von heute aber ist von der Medien- und Entertainmentindustrie über Jahre hinweg zur Emotion erzogen worden. Was emotional war, war gut. Helden wurden gesucht und erfunden, Mythen geschmiedet, Storys in die kulturellen Verwertungsketten eingespeist. Sie alle bedienen das Bedürfnis nach Emotionen. Der ideale Bundespräsident muss also keine Anleihen bei der reverendalen Rhetorik zivilreligiöser Amerikaner machen, und der Versuch, Slogans, Sprachmelodien oder Bühneninszenierung im Stile Obamas zu kopieren, verbietet sich von selbst.

Als Leitfigur des Republikanismus steht der Bundespräsident für die *virtú*, den Geist der demokratischen Gemeinschaft, und als reflexiver Patriot verkörpert er die deutsche Geschichte ohne Scham. Zu Beginn des Diskurses zwischen Präsident und seinen

Bürgern könnte ein *Deutschlandgespräch* stehen: das Gespräch mit den Bürgern über ihre Vorstellungen von der nächsten Gesellschaft, über ihre Erwartungen an eine veränderte Demokratie, über ihre Gedanken zu Partizipation.

Die Fäden des Deutschlandgesprächs, in das sich Wissenschaftler, Künstler, Unternehmer einschalten, laufen im Bundespräsidialamt zusammen. Es gibt in Bellevue institutionalisierte Gesprächskreise und Seminare, an deren Ende ein Memorandum steht, das den Bürgern über eine eigens eingerichtete Internetseite zur Abstimmung gestellt wird. Das *Deutschlandgespräch* über die geistigen Grundlagen der nächsten Gesellschaft wäre, in Gestalt diverser Werte-Konferenzen, nicht von Zuschüssen privatwirtschaftlicher Stiftungen abhängig, sondern konjunkturunabhängig abgedeckt durch eine, gemessen an Abwrackprämien oder Schutzschirmen, lächerlich kleine, aber stabile Summe Steuer- und also Bürgergeld aus dem Bundeshaushalt. So finanzierten die Bürger das Gespräch mit sich über sich, und der Staat investierte in seine soziale wie ethische Zukunft.

63.

Produzierendes Gewerbe soll gemeinwohlversicherungspflichtig werden.

Der Wandel zu einer gemeinwohlorientierten nächsten Gesellschaft vollzieht sich gewiss nicht allein durch das Sprechen über die eigenen Grundlagen. Für den Umbruch bedarf es der Mithilfe von Betrieben und Unternehmen. Praktische Maßnahmen zur Rückbindung und Einbindung der Wirtschaft sind unabdingbar.

Gewinnorientierung ist das Grundprinzip des kapitalistischen Geistes und bleibt mit allem Recht die treibende Kraft auch eines Gemeinwohlstaates. Da man von Staats wegen das exzessive Streben nach Gewinn – das manche Gier nennen – höchstens mit einem oktroyierten Regelwerk zähmen kann, wäre es im Sinne eines humanistischen Liberalismus klüger, die Mechanismen des Systems auf es selbst anzuwenden.

Jedes Unternehmen sollte, analog zur Sozialversicherungspflicht der Bürger, gemeinwohlpflichtig werden. Wer Gewerbesteuer zahlt, schließt somit automatisch und gesetzlich verpflichtend eine Art Rückbindungsvertrag ab und wird dadurch gemeinwohlindiziert. Als Grundlage dient eine für jedermann einsehbare Bewertungsskala nach GWI-Punkten. Das Unternehmen bände sich damit rück an die Gemeinschaft, aus deren Mitte heraus es agiert.

Es wäre müßig zu glauben, alle täten dies freiwillig und aus plötzlich entflammter Nächstenliebe, wenngleich sich doch peu à peu die Einsicht durchsetzen könnte, dass man Wirtschaft nicht gegen den Menschen betreiben kann. Die meisten mittelständischen Unternehmen verfahren seit jeher nach dem Grundsatz, ihre Mitarbeiter als Wesen und nicht als Produktionsfaktoren zu begreifen – wodurch sie das Rückgrat der Republik bilden. Im Gegensatz zu manchen Konzernen, an deren Spitze Manager sitzen, die Erbsen, Staubsauger, Autos oder Verpackungen vermarkten, herrschen dort zu weiten Teilen noch immer kaufmännischer Anstand und sogar kaufmännische Ehre vor, die dem quantizifierbaren Erfolg über Zahlen, Kennziffern und Prozentanteile die Idee und das in die Waagschale geworfene Herz für ein Produkt wenn nicht vorzieht, so zumindest zur Grundlage des eigenen Wirtschaftens macht. Eine Gemeinwohlversicherungspflicht könnte zum Beispiel darin bestehen, dass Unternehmen als klassische *Firma*, als etwas im Sinne des Wortes »Firma« *Dauerhaftes* also, mit einer bestärkenden Unterschrift für alles Kommende dem Standort langfristig Treue versichern und so einen mikrosozialen Kreislauf etablieren, der, trotz aller Unsicherheit und Entgrenzung im weltwirtschaftlichen Arbeitsprozess, Arbeitnehmern, Bürgern und Lokalpolitikern Verlässlichkeit *schuldet*.

Wenn jedes regional ansässige Unternehmen eine *nationale Charta des Gemeinwohls* unterzeichnen und sich damit ein Gemeinwohl-Gütesiegel sichern würde, das für Wertschöpfungs- und Beteiligungsgerechtigkeit bürgt, hinge das Prestige des Unternehmens maßgeblich von seiner Gemeinwohlloyalität ab.

64.

Die Gemeinwohlcharta schreibt eine Disziplin »Verantwortungskunde für Führungskräfte« vor.

Verantwortung für das Soziale besteht vor allem in Prävention, in der Erziehung der Nachkommenden zu einem Handeln mit Nebenfolgenabschätzung und Fremdschadenbewusstsein. Bare Besinnungslosigkeit, perpetuierte Ignoranz gegenüber der Realität, fehlendes Unrechtsbewusstsein und obsessives Interesse an maximaler Abschöpfung bei minimalem Risiko, wie sie die Verursacher der Finanzmarktkrise allem Anschein nach kultiviert haben, untergraben die staatsbürgerliche Moral, setzen das Gratifikationssystem aus Belohnung und Bestrafung außer Kraft und unterminieren den sozialen Frieden. Der Bürger, die kleinste Einheit des Staates, muss es hinnehmen, dass die, die renditetrunken Millionen versenkt haben, auf einmal nicht mehr der Logik der Optimierung unterstehen und für ihre im

Rausch begangenen Fehler keine Konsequenzen zu gewärtigen haben – während ein Radfahrer, der weintrunken bei Rot über eine Ampel fährt, einen Hunderte Euro teuren Idiotentest absolvieren und vor einer medizinisch-psychologischen Kommission seiner vermeintlichen Sucht abschwören muss. Wenn der, der nach jahrelanger Abschöpfung versagt hat, nicht bestraft, sondern durch Rettungspakete und andere Staatshilfen belohnt wird, als wäre sein Versagen wertschöpfend, wird der Leistungsgedanke ad absurdum geführt.

Ökonomischer Erfolg kann nicht das einzige Kriterium politischen Fortschritts sein. Während der Lebensinhalt der Menschen in Drittweltstaaten verständlicherweise darin besteht, wann immer möglich zu Geld zu kommen, weil es um ihre bloße Existenz geht, muss es sich ein Wohlstandsland wie die Bundesrepublik leisten können, über das Monetäre hinaus zu denken (womit der Skandal der Armut, vor allem Kinder- und Rentnerarmut, in keiner Weise kleingeredet sein soll). Politik kann sich nicht in der ermüdenden Donquichotterie eines wohlfeilen Überbietungsschauspiels erschöpfen. In Wahlkampfzeiten geht es oft nur noch darum, welche Partei welcher Bevölkerungsgruppe 100 Euro mehr geben will oder wer wann nach Steuersenkungen ruft, um vom politischen Gegner postwendend als unverantwortlich an den Pranger gestellt zu werden. Je mehr das Ökonomische im Fokus des Einzelnen steht, desto weniger befasst er sich mit intellektuellen und politischen Anliegen. Eine Gesellschaft, deren Kinder morgen nicht unter Armut leiden sollen, muss heute in ihr Reflexionsvermögen investieren.

Die Disziplin »Verantwortungskunde« versteht sich als dauerhaft institutionalisierter Ethikunterricht in reziproker Absicht. Zum einen müsste es, flankierend zum Studium an Universitäten, Pädagogischen Hochschulen oder privaten Lehreinrichtungen, Ethikschulungen für angehende wie etablierte Manager geben. Verantwortungskunde wäre eine Pflichtveranstaltung und die Nachweise Einstellungskriterium für künftige Arbeitgeber. Zum anderen würden Manager, Unternehmenslenker und Kaufleute aus den großen Bankhäusern an Schulen Wirtschaftsethik unterrichten (zumindest könnten sie über ihre Alltagserfahrungen sprechen und diese somit reflektieren) und mit Schülern im neu gegründeten Unterrichtsfach »Ökonomie« in den Diskurs treten. Ökonomische Bildung ist eine der wichtigsten Voraussetzungen für die Mündigkeit des neuen Bürgers. Wer Zusammenhänge nicht durchschaut, versteht sie nicht, wer nicht versteht, kann sich kein Urteil erlauben. Für Schulkinder ist daher eine ethische Sensibilisierung für Bedingungen und Folgen wirtschaftlicher Produktion mindestens ebenso wertvoll wie das Wissen anderer Fächer (und vielleicht sogar wertvoller als die auswendig zu lernende Liste osteuropäischer Flüsse aus dem Erdkundeunterricht). Im besten Fall erzieht sich die Gesellschaft durch die Verantwortungskunde zu einer unternehmerischen Ethik, die von früh auf durchdrungen ist vom Gedanken der Gemeinwohlindikation.

Unternehmen werden zudem mit Recht darauf hinweisen, dass sie ihren gesellschaftlichen Verpflichtungen seit Längerem nachkommen: Ohne ihre Stiftungen könnten viele Kindergärten, Altersheime und Behinderteneinrichtungen nicht existieren, und zweifelsohne könnten viele kulturellen Großveranstaltungen wie Tanz-, Theater- oder Literaturfestivals oder Institutionen wie Museen, Kunstsammlungen, Orchester und Musiktheater ohne das »gesellschaftliche Engagement« von Banken und Konzernen nicht bestehen. Damit ist nicht nur kurzfristiges Sponsoring gemeint, sondern vor allem langfristig angelegte Strukturförderung, die auf nachhaltige Wirkung abzielt. Selbst wenn neunzig Prozent des deutschen Kulturlebens durch Staat und Kommunen finanziert wird, kann man nicht zugleich auf nutzenmaximierende Konzerne schimpfen und Deutschland dann für seine exzellente kulturelle Grundversorgung loben.

Bei aller Freude aber bleibt festzuhalten, dass sich viele Unternehmen mit Programmen der sogenannten Corporate Social Responsibility (CSR) öffentliches Image und gesellschaftliche Absolution erkaufen. CSR ist das Schlagwort einer vermeintlichen Wirtschaftsethik, die auf Werte statt auf die Ware allein setzt und ihr puritanisches Fundament trotzdem nicht aus den Augen verliert. Amerikanische Sozialwissenschaftler nennen die neue Form kultureller Selbstbesinnung »Karma-Kapitalismus«, da in den Managementetagen der großen Wirtschaftsunternehmen derzeit die indische Wiedergeburtslehre en vogue ist. Sie hat die chinesische Kriegslehre aus den 1980er und 90ern abgelöst, als es galt, möglichst schnell auf kompromisslose Weise reich zu werden und den Gegner zu vernichten. Heute steigert gutes Karma das Kapital. Sünden gegen das Leben rächen sich. In diesem Selbstzähmungsvorgang verschwistern sich auf modisch gewordene Weise protestantische Erwerbsethik und östliche Spiritualität.

Man könnte CSR für eine Methode perfider Doppelmoral im Schauspiel der Selbstdarstellung eines Unternehmens halten, das sich nach außen dem Gemeinwohl verschreibt und sich dadurch moralisch unangreifbar macht: Gib den Menschen den Anschein sozialer Verantwortung und erhalte dafür Vertrauen, das sich, geschickt stimuliert, in Kaufkraft umsetzen lässt. CSR-Programme sind oft clevere, weil billige und durchaus verlockende Vermarktungsstrategien. Sie sind, wie schnell einberufene Ethikkommissionen, Legitimationsgrundlagen für ein Zertifikat der sauberen Hände. Diese Strategie verwässert den Begriff der Verantwortung, indem sie ihm scheinbar Folge leistet.

65.

Bürgerschaftliches Engagement, Ehrenamt und Tafelrunden sind Fundamente des Gemeinwohls.

Kleine Verbünde, die nicht notwendig politisierende Lobbys sind, beleben die Demokratie. Mit ihrer Hilfe kann der aufgeklärte Bürger einzelne Bereiche und Themen für sich auswählen, während die Arbeit in einer Partei ihn dazu nötigen würde, ein komplettes Paket an Positionen loyal und auf Linie übernehmen und nach außen vertreten zu müssen. Mikrosoziale Verbünde bestehen aus Bürgern mit spezifischen Anliegen. Weil sich jedes Individuum auf Grundlage der Verfassung engagieren kann, wie und wo es will, erfüllen mikrosoziale Verbünde den Anspruch der Beteiligungsgerechtigkeit und sind im ethischen Sinn gut und gelingend.

In den vergangenen Jahren haben Selbsthilfegruppen, Nachbarschaftsnetzwerke und wohltätige Vereine an Zahl und Vielfalt enorm hinzugewonnen. Sie leisten unverzichtbaren und wertsteigernden Dienst am Gemeinwohl und erfüllen das Prinzip der Gegenseitigkeit und Anerkennung, ganz so, wie der französische Philosoph Emmanuel Levinas die Idee des dialogisch verfassten Individuums beschrieb: »Um verlässlich zu sein, muss man das Gefühl haben, gebraucht zu werden; um das Gefühl zu haben, gebraucht zu werden, muss dieser andere auf uns angewiesen sein.«

Hilfe ist Selbsthilfe, da jeder wissen muss und kann, dass er ebenso hilfsbedürftig werden kann und auf den Anderen angewiesen ist. Das Gefühl des Angewiesenseins ist das doppelte Gefühl, gebraucht zu werden und zu brauchen. Das ist keine Einschränkung der individualistischen Lebensauffassung, im Gegenteil, es entspricht der Priorität des Eigennutzes, der nur dann Kredit erhält, wenn vorher investiert wurde. Die sich ständig weiter ausdifferenzierende digitale Ökonomie ermöglicht es diesen Verbünden, sich umfassend und selbstorganisiert zu vernetzen – durch Webseiten, Blogs oder Open-Source-Quellen als Diskursplattformen in einer zweiten Öffentlichkeit, die zwar selektiv, aber dennoch für jeden zugänglich ist.

Ehrenamtliches Engagement kann christlich oder humanistisch geprägte Nächstenliebe, sozialromantische Empathie, moralische Kompensation oder alles zugleich sein. Ohne das Ehrenamt wäre der Körper der Republik nicht gesund, und wer ihn als ohnehin krank oder kränkelnd empfindet, würde ihn frei von ehrenamtlichen Tätigkeiten (welche ja selten jene ausüben, die Staat und Gesellschaft kritisieren) gänzlich siech vorfinden. Ohne das ehrenamtliche Engagement in den Bereichen Jugend und Alter, Krankheit, Sport und Erziehung wäre eine differenzierte Gesellschaft nicht funktionsfähig. Das Ehrenamt ist die Basis, auf die eine *Charta des Gemeinwohls* aufbaut.

Es gibt in Deutschland ein weitaus größeres Maß ehrenamtlichen Engagements als allgemein angenommen. Jeder Dritte setzt sich in seiner Freizeit regelmäßig und ohne Vergütung für die Gemeinschaft (und also das Gemeinwohl) ein. Viele von ihnen sind mindestens religiös, wenn nicht hochreligiös. Sie tun es nur vorderhand für die »Ehre«, eigentlich aber aus der einer Einstellung heraus, die vom Individualismus abstrahiert und in der Liebe zum Anderen eine Form der Hoffnung auf eine bessere Welt zum Ausdruck bringt. Ehrenamtliche Arbeit vereint pro Jahr in Deutschland einen Wert von etwa 35 Milliarden Euro auf sich.

Doch kann es für eine gelingende Gesellschaft nicht darum gehen, ziviles und ehrenamtliches Engagement mancher ihrer Bürger in den höchsten Tönen zu loben und vonseiten der Regierung auszuzeichnen. Zu groß ist die Gefahr, dass sich der Rest der Gesellschaft und Politik durch die Ehrung des »Ehrenhaften« ein Alibi für den Status quo, einen Persilschein für hoffähige Doppelmoral verschafft und dadurch das öffentliche Gewissen vordergründig beruhigt.

Eines der vorbildlichsten Beispiele mikrosozialer Kreisläufe mit hoher Gemeinwohlindikation sind seit Jahren die sogenannten Tafeln oder Tafelrunden, die mittlerweile in fast jeder großen und kleineren Stadt anzutreffen sind. Lebensmittelunternehmer, Obst- und Gemüsehändler, Bäcker, Einkaufsmärkte, Bauern und Fleischer geben Restware oder auf dem Primärmarkt nicht angebotene Zweitware kostenlos an die »Tafeln« ab. Diese verteilen sie durch ehrenamtliche Mitarbeiter jedes Alters und jeder Schicht, kostenlos oder zu am Existenzminimum orientierten Kleinstpreisen, an Bedürftige.

Die Tafel ist eine Versöhnung zwischen dem Markt und seinen Verlieren. Würde das »Tafel-Prinzip« auf andere Branchen übergreifen, kämen Unternehmen ihrer Gemeinwohlverantwortung nach, indem sie, soweit das angemessen und möglich ist, entweder bestimmte Teile ihrer Produktion an diversen »Tafeln« abgäben oder Dienstleistungen dergestalt erbrächten, dass etwa Softwareunternehmen Wohltätigkeitsvereinen aller Art die Computertechnik einrichteten und im Gegenzug Punkte für die Gemeinwohlindikation ihres Unternehmens bekämen. Diese wiederum schlügen sich im wachsenden gesellschaftlichen Prestige nieder: als sozial nachhaltiges Engagement, welches sich deshalb auszahlt, weil auch Nichtbedürftige vornehmlich Produkte mit hohem GWI kaufen würden.

Künftig soll es vornehmlich darum gehen, sozialen Bewegungen mit eigenem Ethos zu neuem Ansehen zu verhelfen. Das heißt auch, den öffentlichen Dienst als Dienst an der Öffentlichkeit dem Einfluss privatwirtschaftlicher Logik zu entziehen. Wenn sich der öffentliche Dienst der Marktlogik unterwerfen muss, folgt daraus die Kolonisierung der Öffentlichkeit und also des Gemeinwohls durch gewinnmaximierende Privatunternehmen.

66.

Über eine Charta des Gemeinwohls muss eine Gesellschaft insbesondere dafür sorgen, dass ihren Kindern der Start ins Leben gelingt.

Zweifelsohne beginnen viele der strukturellen Probleme in den Familien und also für Kinder schon in frühem Alter. Aufgrund permanenter Zeitnot und permanenten Optimierungsstresses sind viele Eltern kaum noch in der Lage, ihren Kindern jene Aufmerksamkeits- und Einfühlungsintensität zukommen zu lassen, die diese für ein gedeihliches, gesundes, ethisch sensibles Leben bräuchten – für ein Dasein in Gemeinschaft, das sowohl die eigene Bedürftigkeit wie die eigenen Bedürfnisse reflektiert und dadurch auch die Notwendigkeit zur Gemeinwohlloyalität erkennt.

Die qualitative Sozialforschung hat seit Längerem den Zerfall der Großfamilien und die steigende Zahl alleinerziehender Mütter nachgewiesen. Wenn weder Großeltern noch Väter zur Verfügung stehen, werden die Kinder stärker auf sich gestellt sein – ob ihnen dadurch zwangsläufig Orientierungs- und Identifikationsfiguren fehlen, soll dahingestellt sein, ist aber wahrscheinlich. Als fest etablierter und gut entlohnter Berufszweig könnte ein *Familienservice* die sozialen Bedürfnisse von Familien feststellen und eine in staatlichem Rahmen institutionalisierte Dauerbetreuung leisten, wie es etwa Visa-Dienste für Auslandsreisende tun. Das würde bedeuten, dass die Familienservice Leistenden auf bestimmte Zeit Mitglied der entsprechenden Familie wären. Sie würden einkaufen, die Kinder zur Schule bringen und wieder abholen, bürokratischen Verkehr erledigen, mit Ämtern kommunizieren, Anträge auf Förderung verwalten und auf diese Weise Eltern und Kindern möglichst viel Eigenzeit ermöglichen. Wer Familienservice leistet, muss kein deutscher Staatsbürger, allerdings der deutschen Sprache mächtig sein. Warum nicht auf diese Weise praktische Integration leisten und Migranten in einem von Ministerien und Ämtern überwachten Auswahl- und Evaluierungsverfahren Arbeitsplätze im Familienservice anbieten und die Diversität der Kulturen als Chance zum befruchtenden Verständnis nutzen?

Ein bei kommunalen Verwaltungen eigens eingerichtetes »Referat Familienservice« würde darüber befinden, welchen Familien in welch großem Umfang ein staatlicher Familiendienst in den jeweiligen lokalen und regionalen Koordinaten zur Seite stünde. Der Familienservice wäre ein gut entlohnter neuer Berufszweig, dessen Gratifikation unter anderem in einer hohen gesellschaftlichen Anerkennung bestünde. Wer die Familie als Keimzelle der Gesellschaft betrachtet, sollte mehr anzubieten haben als nur ein peu à peu erhöhtes Kindergeld oder die Einrichtung von Vaterschaftsmonaten. Ein Familienservice würde Mütter wie Väter entlasten, indem er den Eltern erlaubte, sich auf das Wesentliche zu konzentrieren: die Erziehung und Bildung der Kinder. Es geht beim Familienservice um weit mehr als nur den weiteren, durch staatliche Millionen gestützten Ausbau von Einrichtungen zur Kinderbetreuung. Vielmehr geht es darum, die gelingende Integration von Familien in problematischen oder prekären Lagen umfassend zu organisieren, und das nicht nur in akuten Problemfällen, wofür es bereits staatliche Dienste gibt.

Wenn jeder Bürger in Deutschland eine Chance haben soll, unabhängig von seiner sozialen Herkunft aufzusteigen, können die Bemessungsgrundlagen einer erfolgreichen Persönlichkeit nicht nur Noten und Talente der Kinder sein. Es wäre angewandte soziale Verantwortung, den Status des Elternhauses, die intellektuellen und finanziellen Kapazitäten, die Zerrüttung und Patchworksituationen ihrer Kinder mit zu berücksichtigen.

67.

Stadtplanung muss künftig im Zeichen des Gemeinwohls stehen.

Je stärker das metaphysische Obdach schwindet und Halt und Erlösung in spirituellen, teils esoterischen Ausflüchten gesucht wird, desto wichtiger ist für den strukturellen Zusammenhalt einer Gemeinschaft das Haus. Das *Haus* im altgriechischen Sinn des Wortes *oikos* versteht sich nicht nur als Gebäude, sondern vielmehr als Hausgemeinschaft – als ökonomisches und ökologisches, das heißt rechtliches, politisches wie wirtschaftliches Obdach einer von vielen mikrosozialen Keimzellen innerhalb der Gesellschaft.

Für Immobilien- und Bauunternehmen sollte es unumgänglich werden, ihrer sozialen Verantwortung nachzukommen, indem sie einen bestimmten Teil ihrer Häuser als Sozial-, Künstler- und Genossenschaftswohnungen für kreative Distrikt-Kreisläufe den Kommunen zur Verfügung stellen. Anreize dafür könnten Steuererleichterungen und ein hoher GWI sein. Genossenschaftlich organisierter Wohnraum ermöglicht jungen Familien, sich in guten, innenstadtnahen Wohnlagen anzusiedeln, etabliert neue Nachbarschaften und bestellt im Herzen einer Stadt ein Soziotop aus Kunst, Musik, Literatur, sprich: den Humus einer dynamischen kulturellen Ordnung.

Werden den Kommunen (also dem Staat und insofern der Gesellschaft) Sozialwohnungen zur Verfügung gestellt, könnten auch die bestehenden Hartz-IV-Sätze ausreichen, und Wohnen wäre keine zusätzliche Belastung des Sozialstaats. Kein Bürger hat ein einklagbares, jeder aber das legitime Recht auf würdevolles Wohnen und eine würdevolle Wohnung. Voraussetzung dafür, dass durch die Bereitstellung von Wohnraum der soziale Frieden gewahrt wird, setzt bei Immobilienfirmen und Hauseigentümern die Einsicht in die Notwendigkeit des Gemeinwohls nach der Maxime *Wertschöpfung statt Abschöpfung* voraus. Es ist nicht vermessen zu hoffen, dass die Individualisten, die heute zur Rückbindung erzogen und sozialisiert werden und später in Führungspositionen entsprechender Unternehmen hineinwachsen, diese Maxime verinnerlicht haben könnten.

Wenn es tatsächlich in der Natur des Menschen liegt, dass er mit den Dingen der Allgemeinheit meist weniger vor- und umsichtig umgeht als mit seinen eigenen, dann stärkt Teilhabe oder Einbezug die Verantwortung. Je größer das Mitspracherecht ist, desto eher identifizieren sich die Menschen mit einer Sache oder Gegebenheit. Das Ziel der nächsten Gesellschaft muss sein, den immer höher werdenden Teil von Neuankömmlingen, Nomaden, Auswanderern, Asylanten oder Migranten klug einzubinden, damit die Gesellschaft stabil bleibt. Wenn der Satz stimmt, dass Eigentum Integration stärkt, könnte man zugezogenen Ausländern ein Mitspracherecht an der Gestaltung ihrer Wohnungen einräumen.

Genau das haben 2007 in einem Modellversuch die Stadtdesigner der Internationalen Bau-Ausstellung (IBA) in Hamburg-Wilhelmsburg getan. Für den Um- und Ausbau des sogenannten Weltquartiers im Zentrum des Stadtteils besuchten sechs Heimatforscher jede Mietpartei und eruierten den jeweiligen emotionalen Zugang zu »Heimat« und »Zuhause« – in sieben Sprachen, unter anderem Türkisch, Persisch, Französisch, Portugiesisch, Serbisch, Arabisch, bei insgesamt 1700 Bewohnern aus über 30 Herkunftsländern. Jedes einzelne Mitglied dieses soziokulturellen Mikrokosmos konnte Wünsche äußern, die in der Sanierungsphase berücksichtigt wurden und in den Wettbewerb mit einflossen. Wie die IBA feststellte, waren es sehr bescheidene Wünsche: Garteninseln vor dem Balkon, Kinderspielplätze, bessere Raumaufteilung, vom Wohnzimmer getrennte Küchen, Loggien, Terrassen, Balkone, ausgebaute Dächer. Jeder Entwurf des Wettbewerbs wurde von den Bewohnern bewertet, und diese Meinungen wurden dem Preisgericht mitgeteilt.

Obwohl es kaum kulturspezifische Unterschiede gab, ist diese Form der niederschwelligen, mehrsprachigen, interkulturellen und direkten Partizipation ein vorbildlicher Versuch, Integration städtebaulich voranzutreiben.

Der Versuch der IBA Hamburg-Wilhelmsburg zeigt, dass Urbanistik in erster Linie soziale Ethik ist – und Städteplanung die Umsetzung einer Utopie des Gemeinwohls sein kann. In einer Siedlung der städtischen Wohnungsbaugenossenschaft sind stabile Mieten garantiert und ist daher ausgeschlossen, dass Immobilienspekulationen die unteren wie kulturschaffenden Schichten der Gesellschaft dauerhaft ausschließen und an den Stadtrand schieben.

Auch sogenannte Mehrgenerationenhäuser oder -wohngemeinschaften sind seit Längerem bewährte mikrosoziale Einheiten praktizierter Generationenethik, die integrative Wirkung entfalten: Senioren geben acht auf die Kinder ihrer Kinder oder Kinder anderer Mitbewohner, vermitteln Erfahrungen, stellen Orientierung, betreuen umfassend und geben Halt und Haltung. Im Gegenzug bleiben Rentner und Alte in den Korpus der Gesellschaft integriert und aufgehoben und nehmen teil am Fortgang der Welt. Im einbindenden Umgang mit Migranten, mit Alten und mit Jungen beweist ein Gemeinwesen seine moralische Reife.

68.

Mit einer neuen Gemeinwohlcharta legen wir uns fest auf die langfristige Sicherung von Standards der Menschenwürde – auch am Ende des Lebens.

Das Menschenrecht auf unantastbare Würde ist vornehmlich ein Recht auf Selbstbestimmung und Selbstwahl, aber auch ein Recht auf Pflege in den Situationen, in denen der einzelne Mensch hilflos und nicht mehr autonom ist. Sittlich ist, was die Realität anerkennt. Im Rahmen einer neuen Verantwortungskultur müssen wir fragen: Wie sollen wir mit Personen am Ende ihres Lebens umgehen, die nicht mehr in der Lage sind, selbstständig ihr Leben zu führen? Wie können wir sie nicht nur in Betreuungsheime abdrängen, sondern uns mit ihnen auseinandersetzen? Wie können wir andere Formen personalen Lebens im sozialen Raum integrieren, ohne weiter Ausgrenzung zu betreiben?

Autonomie ist einer der am höchsten veranschlagten Werte eines humanistischen Liberalismus und zugleich einer der heute problematischsten. Autonomie als gesellschaftlicher Leitwert und verstanden als individuelle Selbstgesetzgebung impliziert einen hohen Anspruch an die Qualität des Lebens, aber auch an eine bestimmte Qualität des Sterbens. Bestimmt sich das Individuum aber ausschließlich selbst, sind soziale Bezüge, Rückbindungen, Einbettungen per definitionem vom Begriff der Autonomie ausgenommen. Wenn *Autonomie* als eine an keinerlei Interessen gebundene Emanzipation oder Abwehr jeglicher Fremdverfügung definiert wird, so kann es doch zu Zuständen kommen, in denen einem Individuum keine autonome Entscheidung mehr möglich ist: etwa im Fall einer schweren Beeinträchtigung der individuellen Steuerungsfähigkeit, obwohl der Hirntod als Kriterium für den Tod noch nicht festgestellt ist – hier kann eigentlich nicht mehr von Autonomie gesprochen werden. Durch die Fähigkeiten der Gerätemedizin zur Lebensverlängerung wird der Begriff »würdevoller Tod« immer öfter infrage gestellt. Wer kann, wer darf über Sterben und Tod des Einzelnen entscheiden, wenn dieser selbst dazu nicht mehr in der Lage ist? Und wann genau ist er dazu nicht mehr in der Lage – und wer bestimmt diesen Zeitpunkt? Am Ende des Lebens ist Autonomie also ebenso infrage gestellt wie an seinem Beginn.

Vor dem Hintergrund eines fragwürdigen Begriffs von Autonomie als Grundlage des Individualismus muss ein neues Verhältnis zwischen Pflegenden und Gepflegten austariert werden. Alte, Kranke, Demente und Behinderte sind nicht oder nicht mehr voll funktionstüchtig im Sinne einer instrumentalisierbaren Arbeitskraft. Ihre Leiber verfallen und werden einer Gesellschaft zur Belastung, die sich vornehmlich über permanente Optimierung, Steigerung, Kontrolle, Wachstum, Jugend, Fitness und Schönheit definiert. Die Denunziation des Alters ist kein systemisches, es ist ein kulturelles Problem.

Da es zur sozialen Ethik des Gemeinwohls gehört, dass jeder ein angemessenes, das heißt lebenswertes Leben haben soll, muss der Umgang mit Alter, Sterben und Tod künftig neu bedacht werden. Der demografische Faktor beschert der Bundesrepublik bekanntlich immer mehr alte Menschen, die infolge perfektionierter Medizintechnik, neuer wissenschaftlicher Erkenntnisse und gesundheitspolitischer Aufklärung immer länger leben. Auch nach Erreichen des Rentenalters werden sie im Schnitt noch mit fünfundzwanzig Lebensjahren bei guter Gesundheit rechnen können. Im Jahr 2050, prophezeien Hochrechnungen, werden zwei Drittel der Deutschen über Fünfundsechzig sein.

Steigt die Lebenserwartung, heißt das aber auch, dass Eltern, Großeltern und vielleicht Urgroßeltern zu versorgen sind. Empirische Fakten zeigen, dass immer weniger Menschen zu Hause und von der eigenen Familie gepflegt werden. Diese Alten würdevoll zu versorgen erfordert eine vernünftige Bezahlung der Pflegekräfte. Das Umlageverfahren des Generationenvertrags, welches die Versorgung der Älteren durch die Jüngeren garantiert, funktioniert nur dann, wenn genügend Erwerbstätige zur Verfügung stehen und die Relation zwischen Jungen und Alten proportional stabil bleibt. Gesundheitsökonomen aber prophezeien für die kommenden vierzig Jahre eine sozioökonomische Kluft zwischen stark steigender Nachfrage nach Pflege und denen, die diese Nachfrage finanzieren müssen. Da Solidarität in diesem System in erster Linie finanziell verstanden wird, kommen zwangsläufig große Probleme auf den Wohlfahrtsstaat zu.

Der Staat wird in naher Zukunft nur noch eine Grundversorgung für die einzelnen Versicherten gewährleisten können; alles Darüberhinausgehende wird von der immer wichtiger werdenden privaten Vorsorge gedeckt werden müssen. Risikogruppen wie Raucher und Extremsportler müssen entsprechend der wissenschaftlich bewiesenen Risikofaktoren ihrer Lebensführung einen weit höheren Anteil an privater Vorsorge tragen, um das Solidarprinzip gerecht zu halten.

Die Verwaltung nicht mehr funktionstüchtiger Mitglieder der Gesellschaft, der Kranken, Alten und Behinderten, wirft keinen großen materiellen Gewinn ab. Deshalb haben unter allen Bereichen, die in den Sog des Ökonomischen geraten sind, Optimierungsstreben und Effizienzkalkül in der Arbeitsorganisation des Pflegewesens am verheerendsten gewirkt. Die Zahl der Krankenhäuser hat sich seit 1995 um fast zehn Prozent reduziert, die der Betten um sechzehn Prozent, die der Beschäftigten im Pflegedienst um fast fünfzehn Prozent. Auf die verbliebenen Vollzeitkräfte in der stationären Pflege kam eine Zunahme der Pflegefälle um vierundzwanzig Prozent bei gleichzeitiger Reduzierung der Pflegetage um zwölf Prozent zu, das bedeutet: Verdichtung, Zeitnot, Überlastung, Burn-out. Das Einstiegsgehalt eines Gesundheits- oder Krankenpflegers liegt zwischen 1800 und 2000 Euro brutto.

Wenn laut Allensbacher Berufsprestige-Skala aus dem Jahr 2005 der Pflegeberuf nach dem des Arztes auf Platz zwei rangiert, müsste der hohen Einschätzung seiner gesellschaftlichen Bedeutung auch eine starke Berücksichtigung und Unterstützung in Gesellschaft und Politik entsprechen. Das ist aber nicht der Fall. Vorschläge zur Stärkung der Motivation in den Pflegeberufen liegen auf dem Tisch: Entlastung der Servicekräfte von niederen Tätigkeiten, größere persönliche Verantwortung des Einzelnen im Pflegeprozess, mehr Zeit für Patienten sowie Leistungszulagen bei höheren Anforderungen. Für die Zukunft vorausgesagt aber werden, im Gegenteil, tendenziell kürzere Pflegezeiten, dünnere Personalpläne, kleinere Schichtmannschaften, also: mehr Leistungsdruck für immer weniger Beschäftigte bei immer weniger Lohn. Könnte ein Mindestlohn in der Pflege den schlimmsten Missständen wehren?

Warum investiert man beispielsweise nicht in den Pflege- und Betreuungssektor, indem man – mit entsprechenden Anreizen bei Lern- und Umschulungsprogrammen – dort neue Arbeitsplätze schafft, wo sie am nötigsten sind: in den Familien, Heimen und Hospizen einer Gesellschaft mit zunehmend älteren Mitgliedern, in der es fahrlässig und unreif wäre, allein auf Jugend, Fitness, Schönheit und deren überaus eingeschränkte Halbwertszeit zu setzen. Es würde einer klugen Gemeinwohlethik entsprechen, Weiterbildungsmöglichkeiten vor allem für Tätigkeiten im Pflegebereich oder in der Erziehungsarbeit in Schulen oder Horten zu fördern. Gemeinwohl definiert sich dadurch, wie eine Gesellschaft mit dem Anfang und Ende des Lebens umgeht: mit den Kindern und den Alten.

Weil jeder Einzelne zwangsläufig Alter, Defekt und Krankheit erleben wird, handelt der Individualist in angewandter Klugheit, wenn er in eine Struktur würdevoller Pflege investiert – aller Wahrscheinlichkeit nach wird er selbst in ihren Genuss kommen. Wertschöpfung drückt sich aus in langfristiger Reife, nicht in kurzfristigem materiellen Gewinn.

69.

Die neue Gemeinwohlcharta ermöglicht aktive Integration.

Die deutsche Gesellschaft wird in ihrer kulturellen Zusammensetzung künftig zweifellos wesentlich heterogener sein als gestern und heute: durch Zuwanderer aus arabischen, afrikanischen und osteuropäischen Ländern, mit indischen, chinesischen, pakistanischen oder polnischen Migranten. Und es wäre blind zu ignorieren, dass Deutschland längst ein Einwanderungsland ist. Die entstehende Trennlinie zwischen Eingeborenen und Zuwandernden wird dabei nicht mehr nur religiös oder kulturell, sondern zunehmend auch *sozial* definiert sein. Je isolierter die Schicht der Bildungsarmen – welcher Ethnie oder Religion auch immer – ist, desto höher ist ihre Konflikt- und Gewaltbereitschaft, umso gefährlicher ist diese Entwicklung für den sozialen Frieden. Soll dieser Frieden gewahrt bleiben, muss die soziale Integration anderer Kulturen und religiöser Prägungen viel früher als bisher stattfinden.

Ein paar Daten aus dem Religionsmonitor der Bertelsmann-Stiftung von Anfang 2009 skizzieren die gesellschaftliche Zusammensetzung wie folgt: 3,5 Millionen Menschen in Deutschland bekennen sich zum muslimischen Glauben; neunzig Prozent davon sind als religiös, fünfzig Prozent als hochreligiös einzustufen. Dazu kommen 300 000 Buddhisten und 100 000 Hindus. Jeder vierte Einwohner Nordrhein-Westfalens hat bereits heute einen Migrationshintergrund, und im Jahr 2030 könnte ein Viertel der Menschen in der gesamten bundesdeutschen Gesellschaft einen solchen Hintergrund haben. Von den muslimischen Migranten ist die Hälfte in religiösen Vereinigungen organisiert. Interpretiert man diese Ergebnisse vor dem Hintergrund der Fertilitätsrate, wird man langfristig eine Zunahme organisierter Religiosität in der deutschen Gesellschaft annehmen können.

Das heißt, dass gesellschaftliche Integration zugleich Integration von religiösen Vorstellungen ist. Zwei Drittel der Männer und drei Viertel der Frauen in Deutschland sind religiös – in Westdeutschland insgesamt achtzig, in Ostdeutschland etwa dreißig Prozent. Diese Zahlen werden dann relevant, wenn es um Grundbegriffe der jeweiligen Kulturen geht: Freiheit, Autonomie, Menschenwürde. Mancher gläubige Muslim versteht unter Freiheit, dem Koran wortgenau folgen zu dürfen, was ein säkular Orientierter womöglich als völlige Unfreiheit einstufen würde. Ein neben »Freiheit« zweiter wesentlicher Begriff ist »Ehre«. Im aufgeklärt-westlichen Gesellschaftsmodell ist »Ehre« an Leistung geknüpft, an den Erwerb von Prestige aufgrund einer Charaktereigenschaft oder Tätigkeit, die von allen als vorbildlich anerkannt wird, wie etwa die Redlichkeit des fleißigen Kaufmanns in der »Kaufmannsehre«. In traditionellen Stammes- und Clangesellschaften, wie sie in vielen muslimisch geprägten Ländern noch existieren, lässt sich »Ehre« nicht erwerben, nur verlieren. Man verliert sie, indem man dem patriarchalischen »Ehrenkodex« einer Gemeinschaft nicht nachkommt und öffentlich an Ansehen verliert – ob durch sexuelle Verfehlungen, fehlenden Gehorsam oder Respektverletzung. In solchen Gesellschaften ist Familie identisch mit »Ehre«. »Ehre« ist ein nicht erwerbbarer Besitz, der ständig verteidigt werden muss. Wenn der »Ehre« eine derartige Wichtigkeit zugesprochen wird, sind die Sanktionen bei ihrer Verletzung zwangsläufig drastisch. In den vergangenen Jahren gab es immer wieder sogenannte Ehrenmorde in Deutschland, bei denen Männer den »Ehrverlust« der Familie durch Ehebruch oder Selbstverwirklichung der Schwester oder Ehefrau dadurch bestraften, dass sie – nur scheinbar im Einklang mit dem Koran – die Frau töteten.

Die soziale Infrastruktur der deutschen Gesellschaft ist von christlichen Institutionen durchdrungen. Die Verfassung basiert auf christlichen Werten, und der Begriff der »Ehre« wurde durch den der »Würde« ersetzt. Nach Diskussionen darüber, wie vor der Kulisse der bundesdeutschen Verfassung muslimisch verstandene »Ehre« und republikanisch verstandene »Würde«, wie also der islamische Begriff der Freiheit mit dem christlich-humanistischen harmonisiert werden könnte, stellt sich die Frage, welche Medien oder Mechanismen Menschen mit Migrationshintergrund an das deutsche Gemeinwohlprinzip rückbinden könnten. Bedenkenswert sind vor diesem Hintergrund die Erkenntnisse von Erziehungswissenschaftlern, nach denen Migranten häufig aus einem Milieu kommen, in dem Bildung wenig zählt, und sie daher ihre Lage nicht über Lernprozesse, sondern rein schicksalhaft interpretieren.

Eine kluge Idee zur gelingenden Integration ist die Lotsenschaft durch sogenannte Mediatoren – die Erziehung und Führung von Migranten durch Migranten. Einige Mediatorenprojekte sind erfolgreich genug, um Vorbildfunktion haben zu können: Muslime, etwa Türken, die in Deutschland geboren und aufgewachsen sind, vermitteln als Gesundheits- oder Bildungslotsen neu zugewanderten Muslimen aus Pakistan oder Indonesien ein Verständnis der kulturellen Ordnung der Bundesrepublik, ihrer bürokratischen Anforderungen und sprachlichen Eigenarten, und leisten durch diese Aufklärung angewandte Integrationsarbeit. So erhöht sich nicht nur die Fähigkeit der Migranten, aktiv wie passiv am deutschen Gemeinwohl teilzunehmen, sondern es erhöht sich auch die Chance für eine dauerhafte Verständigung zwischen kulturell unterschiedlich geprägten Menschen. Krankenkassen, Universitäten und Landesregierungen fördern derartige Mediatorenprogramme. Ein von der Stiftung Mercator initiiertes und mit zehn Millionen Euro finanziertes Projekt will Lehramtsstudenten deutscher Universitäten an ausgesuchte Schulen schicken, um Migrantenkindern Deutschunterricht zu erteilen beziehungsweise deren Sprachkenntnisse weiter zu fördern. Die Studenten können dabei die Praxistauglichkeit ihrer Studieninhalte testen, die Schüler verbessern sich, wie erste Ergebnisse nahelegen, um bis zu eine ganze Notenstufe. Würden Unternehmen ihre gesellschaftliche Verantwortung umfassender wahrnehmen, würden sie nicht nur Kunstevents und Sportturniere sponsern, sondern sich auch stärker dort engagieren, wo die gesunden Strukturen entstehen, von denen sie zukünftig profitieren: in integrativen Projekten.

Die Ich-Bezogenheit als unverrückbare Grundlage der liberalen Kultur macht die Verständigung etwa mit dem genuinen Gemeinschaftsdenken des Islam durchaus schwierig, gerade wenn es um den antitotalitären Grundkonsens der *res publica* geht. Wenn neu Zugewanderte das Grundgesetz bejahen, wenn sie die deutsche Sprache so beherrschen, dass Verständigung möglich ist, dürfen ihnen die Bürgerrechte nicht verweigert werden. Sie müssen arbeiten und wählen dürfen. Wer nicht wählen darf, kann an politischer Bestimmung nicht teilhaben. Kein Migrant vermag patriotische Gesinnungen zu entwickeln, wenn er nicht mitbestimmen kann. Wer kein Wahlrecht hat, wird institutionell extegriert. Man kann nicht Bürger eines Staates werden, mit dem man nicht kommunizieren kann.

Wenn man in der Chancengleichheit der Kinder von Türken, Polen, Russen, Rumänen, Serben oder Bosniern die unhintergehbare Voraussetzung einer gelingenden Gesellschaft erkennt, darf man deren Zukunft nicht dem Zufall überlassen. Integration bedeutet in erster Linie, Kinder und Jugendliche aus ethnisch, sozial oder religiös definierten Randgruppen in die Mitte der Gesellschaft zu bringen, und heißt in zweiter Linie Bildungsintegration. Jeder Mensch, welcher Hautfarbe, welchen Geschlechts, welchen Glaubens auch immer, hat ein förderungswürdiges Talent. Einer Studie der Boston Consulting Group zufolge werden Deutschland bis zum Jahr 2030 3,5 Millionen Fachkräfte fehlen. Wenn der Staat in die Sprachförderung, den Vorschulunterricht und die Weiterqualifizierung der Migrantenkinder investiert, investiert er vorausschauend in seine wirtschaftliche Gesundheit und stabilisiert durch präventive Integrationsarbeit den sozialen Frieden. So könnte erstens dem Fachkräftemangel, zweitens der Perspektiv-, drittens potenzieller Arbeitslosigkeit begegnet werden, was nicht zuletzt den Sozialstaat entlasten und den, wie man gern sagt, »Standort Deutschland« als Heimatort zukunftsfähig halten würde. Kurzum: 110 Milliarden Euro Investition in die Bildung jener Kinder, prophezeit die Studie, stünden auf mittlere Frist 684 Milliarden Euro Mehreinnahmen gegenüber.

Man weiß seit Langem, dass neben psychologisch gut ausgebildeten, also zu Motivation fähigen Lehrern die individuelle Betreuung und Förderung jedes einzelnen Schülers nötig ist, um gute Bildungsergebnisse zu erzielen. In den USA und Großbritannien (und mittlerweile auch in Deutschland) gibt es seit Längerem eine Bildungsinitiative mit dem Namen »Teach First«. An sozialen Brennpunkten stellt dieses Projekt besonders motivierte und fähige Lehrer bereit, die über einen gewissen Zeitraum zu Begleitern von Klassen werden. Auf diese Weise qualifizieren sie sich als Führungskräfte, erwerben den Titel eines

»Bildungsbotschafters« und werden danach von Unternehmen bevorzugt eingestellt. Das Projekt »Teach First« setzt auf engagierte, lernwillige Frauen und Männer, die in Jugendgruppen, als Schülersprecher oder Sporttrainer bereits Führungskompetenzen bewiesen haben und neben persönlicher Disposition zur Begeisterungsfähigkeit und Belastbarkeit auch hervorragende Abschlüsse mitbringen. Als »Fellows« werden sie regelmäßig von den Schülern bewertet und von externen Tutoren unterstützt. Finanziert werden diese »Fellows« von Stiftungen, Mäzenen, Unternehmen und staatlichen Einrichtungen. Auf diese Weise lassen sich besonders schwache wie besonders begabte Schüler fördern. Je früher eine gezielte Förderung ansetzt, desto prägender ist sie. Bildung schafft die Voraussetzungen für weitere Bildung, und frühkindliche Motivation, das haben Psychologen erkannt, ist der effektivste Motor für lebenslange Motivierbarkeit.

Langzeitstudien aus den USA zeigen, dass die öffentliche Hand für jeden Dollar, den sie in Kinder aus sozial schwachen Familien investiert, später das bis zu Siebenfache zurückerhält. Gezielt geförderte Kinder haben bessere Schulabschlüsse, leben nicht von Sozialhilfe und werden weniger oft kriminell. Gemeinwohlökonomisch betrachtet, ist das eine beachtenswerte Rendite.

Andere Projekte setzen auf junge Akademiker, die, gegen eine Aufwandsentschädigung, in Schulen mit großen Integrationsproblemen als Mentoren und Vorbilder wirken, mit den Schülern über Zukunftschancen und Perspektiven reden oder die Kinder beraten, wenn sie einen höheren Bildungsweg einschlagen wollen.

70.

Zentral für die neue Gemeinwohlcharta wird ein »Recht auf Eigenzeit« sein, das in allen politischen Entscheidungsprozessen zu berücksichtigen ist.

Ein Gemeinwohlstaat muss die Kategorie »Zeit« als zentralen Faktor für Wohlstand und Gerechtigkeit daher genauso mit einberechnen wie andere mit spezifischem Gegenwert versehene Güter wie Steuern und Abgaben, Rechte und Pflichten. Zeit ist, auf Dauer gesehen, kostbarer als Kapital, weil sie über die soziale Übereinkunft als Maßeinheit hinaus das Leben schlechthin ist.

Ein Recht auf eigene Zeit ist ein Recht auf Freiheit, weil es dem Recht auf Selbstbestimmung entspricht. Deshalb sollte das »Recht auf eigene Zeit« der Leitwert einer Kultur des Gemeinwohls sein: Durch ein solches Recht werden die Zeit-Belange von Individuen und Gruppen im politischen Entscheidungsprozess berücksichtigt, ohne dass es dazu notwendigerweise rechtlicher Einklagbarkeit bedürfte. Ein »Recht auf eigene Zeit« sollte den Horizont eines Gemeinsinns bilden, in dem Begriffe wie Muße, Kommunikation, Andacht eine ebenso tragende Rolle spielen wie ein Ethos der Sorge, des Füreinander-da-Seins. Ein Recht auf eigene Zeit ist nichts anderes als eine Neubestimmung des Begriffs der Freiheit unter veränderten Paradigmen. Es fordert gemeinsame Zeiträume ein und das Recht des Individuums, seine Lebenszeit nach eigenen Belangen und Notwendigkeiten zu gestalten, ohne dafür diskriminiert zu werden. Jeder Bürger einer Stadt hätte so das Recht, *seine* Vorstellungen der kommunalen Ausgestaltung des individuellen und kollektiven Zeit-Gebrauchs politisch einzubringen, was etwa Fahrpläne, Schulbeginn, Öffnungszeiten für Läden, Ämter, Schwimmbäder oder Bibliotheken betrifft. Die italienische Gesetzgebung aus dem Jahr 2000, in dieser Hinsicht vorbildlich, sieht genau eine solche Partizipation des Bürgers vor.

Ganz pragmatisch gesprochen, könnte außerdem, wie der Vorsitzende der »Deutschen Gesellschaft für Zeitpolitik« kürzlich vorschlug, ein vom Parlament gewählter »Bundesbeauftragter für Zeitpolitik« installiert werden, der über wissenschaftliche und finanzielle Ressourcen verfügt, um auf interdisziplinärem Wege normative Lösungen zu erarbeiten. Mit dem Grundrecht auf eigene Zeit könnte auf mittlere Frist erreicht werden, was innerhalb des bestehenden Systems zu »Zeitwohlstand« führt: dass Zeit als *Wert an sich* betrachtet wird. Jeder, ob Gruppe oder Individuum, muss nach seinem eigenen Tempo vorangehen dürfen – oder auch nicht. Ein solches Bewusstsein für Zeit käme einer neuen Synchronisierung von Natur und Kultur sehr nahe.

Jeder Bürger erhält ein »Zeit-Guthaben« und ein »Ziehungsrecht« für ein Quantum zwischen fünf bis acht Jahren Lebenszeit über seine Biografie hinweg. Er kann das Quantum am Stück oder in Teilen zu einem von ihm selbst bestimmten Zeitpunkt »ziehen« und diese eigene Zeit für Weltreisen, berufliche Weiterbildungen, Elternschaften, Sabbaticals und dergleichen nutzen.

Ein solches Kontensystem setzt auf Selbstbestimmung und Eigenverantwortung des Individuums, auf eigene Gestaltung von Geben und Nehmen, Sparen und Einsetzen. Vorläufer einer Politik der Eigenzeit sind bereits heute, etwa in der innerbetrieblichen Praxis von »Arbeitszeitkonten«, in großen Konzernen zu finden, auf die der Einzelne seine Arbeitszeit »einzahlen« und bei Bedarf wieder »abheben« kann. Der Grundgedanke der Arbeitszeitkonten besteht darin, dass Unternehmen die Überstunden des Mitarbeiters nicht mehr bezahlen, sondern auf ein individuell für ihn eingerichtetes Zeit-Konto buchen. Ist die Auftragslage eines Unternehmens gut und arbeiten die Angestellten mehr als betrieblich vereinbart, können sie Überstunden auf ihr Zeit-Konto einzahlen. Ist die Auftragslage schlechter oder herrscht gar Flaute, können die Angestellten, ohne das regelmäßige Einkommen einzubüßen, ihr Zeit-Guthaben wieder entnehmen.

Der Umrechnungskurs der Überstunden lässt sich innerbetrieblich frei verhandeln. 1600 Überstunden etwa ergäben ein Jahr Freistellung. Kommt man auf 3200 Überstunden, könnte man sich zwei Jahre Auszeit nehmen. Auf diese Weise entstünden für die Beschäftigten völlig neue Formen der Lebensplanung, die sie für ihre Zwecke selbst flexibel gestalten. Für den Gemeinwohlstaat und eine neue kulturelle Ordnung liegen die Vorteile eines Rechts auf eigene Zeit auf der Hand: die weit bessere Vereinbarkeit von Familie und Beruf, Sabbaticals, Auszeiten, Weiterbildungschancen und also höhere Lebensqualität.

Erste Ansätze eines Rechts auf eigene Zeit sind in der exekutiven Politik angekommen. Die Bundesfamilienministerin von der Leyen sprach sich Mitte des Jahres 2009 für die Einführung des sogenannten Familienzeitkredits aus, der es Erwerbstätigen erleichtern soll, sich durch Auszeiten im Beruf oder Arbeitszeitreduzierung der Erziehung oder Pflege zu widmen. Unabhängig von Einkommen und Vermögen sollen Personen, die den Familienzeitkredit in Anspruch nehmen, über die Dauer von bis zu einem Jahr monatliche Auszahlungen erhalten, die sie zu günstigen Konditionen langfristig zurückzahlen. Der Staat soll dabei als Bürge der Kreditnehmer auftreten.

Je früher ein Mensch für das Problem *Zeit* sensibilisiert wird, desto besser kann er mit ihm umgehen. In einem Ethikunterricht, der jedem Kind von früh auf zuteilwird – und der den Religionsunterricht keineswegs ersetzen, sondern in sich aufnehmen soll –, würde die Unterrichtseinheit »Zeit« schon in der Unterstufe aller Schularten verankert. Weil »Zeit« zu einem der wichtigsten ökonomischen, politischen und sozialen Faktoren der Gegenwart geworden ist, sollte sie im Lehrplan wichtiger werden – und nicht nur im gymnasialen. *Zeit* ist ein hervorragendes Querschnittsthema, das alle anderen Disziplinen berührt: die Philosophie und die Frage nach dem Sein in der Zeit; die Religion und die Frage nach Schöpfung und Endlichkeit; die Physik und die Frage, was Zeit eigentlich ist; die Geschichte und die Frage nach dem Verhältnis von Vergangenheit und Gegenwart; die Biologie und die Frage nach den Mechanismen von Wachstum; die Psychologie und die Frage: Wie nimmt der Mensch sich selbst als dauerhaft wahr?

Und ein letzter Gedanke: Könnte man nicht am Anfang jeder Stunde »Zeitunterricht« für fünf Minuten eine Art Meditation vorsehen, damit Kinder wieder spüren lernen, was Zeit ist, damit sie Zeit als solche spüren lernen, um sich selbst spüren zu lernen?

Epilog

Ist am Ende all das naiv, gar auf pathetische Art idealistisch? Aber ja. Jede Veränderung beginnt mit dem Naiven, dem Undenkbaren, dem spielerisch Staunenden.

»Der Mensch ist frei geboren, und überall liegt er in Ketten.« So lautet der erste Satz des *Contrat social* von Jean-Jacques Rousseau aus dem Jahr 1762. Natürlich, heute gibt es weder Leibeigenschaft noch Sklaverei, noch Despotismus. Heute liegt, gefangen im Kerker seines Ichs, der Einzelne vielmehr in den Ketten seiner Freiheit. In der Morgenröte einer neuen Epoche, in der das Regime der Optimierung und Entgrenzung am Ende ist, geht es um eine neue Verhältnisbestimmung von Haben und Sein, Sinn und Glück für eine nächste Gesellschaft.

Alle aufgeklärten Gesellschaften des 21. Jahrhunderts müssen ihre Theoreme und Grundlagen permanent der Revision unterziehen und ihre kulturelle Ordnung ständiger Neubegründung unterwerfen, um dem sozioökonomischen Wandel gerecht zu werden, um die weltweite Migration bewältigen, neue Gruppen aufnehmen und sich wandelnde kollektive Identitäten synchronisieren zu können.

Wenn über neue Eliten, über eine herausragende Persönlichkeit im Amt des Bundespräsidenten und über eine medial beförderte Sensibilisierung ein Bewusstseinswandel glückte, dann könnte in der Tat eine Epoche der Gemeinwohlgesellschaft anbrechen – und wenn nicht ein Zeitalter des Gemeinwohls, dann zumindest eines mit schärferem Sinn für dasselbe. Diese Gemeinwohlgesellschaft eingemeindet das selbstbestimmte Individuum und beugt dem spirituellen wie politischen Vakuum vor. Ist der Diskurs darüber einmal etabliert, könnte eine avantgardistische soziale Bewegung entstehen, durch die bestehende Differenzen überwunden und gemeinsame Interessen verflochten werden. Sich unter einem solchen Ziel zu versammeln ist ein ursprüngliches, geradezu essenzielles Kennzeichen wirklicher Demokratieerfahrung – die Erfahrung konstruktiver Veränderung, die für die Demokratie als solche belebend ist. Natürlich kann niemand auf das Gemeinwohl hin genormt oder zur Einhaltung von Werten gezwungen werden. Aber wenn die Bürger der nächsten Gesellschaft sich einmal *in die Zukunft schauend* definieren würden, mit der gleichen Besessenheit, mit der sich die Bürger der letzten Gesellschaft auf den Ruinen einer schändlichen Vergangenheit bis auf den heutigen Tag wieder und wieder moralisch zensieren – wenn sich *die* Deutschen eine von reflexivem Patriotismus angehauchte bürgerdemokratische Gesinnung gönnen würden, durch die jeder, der Ich sagt, auch Wir sagt, und jeder, der Wir sagt, Ich sagt, wäre ein Anfang gesetzt.

Um das zu erreichen, müsste jeder Einzelne künftig aktiv an der eigenen Mündigkeit arbeiten und dieselbe vor und für sich selbst verantworten. Steuern zahlen und Wählen gehen ist nur das Minimum einer angewandten Wir-Norm. Ihr Imperativ lautet vielmehr: Misch dich ein! Die Beteiligung jedes Einzelnen ist das erste Recht, die erste Pflicht und die erste Schuld, die aus einem neuen Vertrag der Gesellschaft mit sich entsteht.

Die ideale Gesellschaft ist kein abgeschlossener, institutioneller Rahmen. Sie ist, wenn sie sich auf die Gemeinwohlverantwortung, auf Beteiligungs- und Wertschöpfungsgerechtigkeit verlassen will, eine offene und sich ständig verändernde Ordnung. Veränderungen vermittelt sie durch Diskussion in freier Öffentlichkeit, und durch Transparenz schafft sie Vertrauen in die Gerechtigkeit ihres Verfahrens.

Letztlich geht es im Leben der Menschen immer nur um die stetig neue Verabredung der Einzelnen, die Bedingungen ihres Lebens im gemeinsamen Lebensraum gelingend zu gestalten. Man kann nicht oft genug betonen, dass der Staat *wir* selbst sind, dass Gesellschaft *wir alle* sind, dass Kritik an Staat und Gesellschaft Kritik an *uns* ist und dass jeder, der Kritik übt, dieselbe in eigenem Interesse konstruktiv vorbringen muss, weil sie auch Kritik an ihm selbst ist. Das Wort *Staat* entstammt dem lateinischen Wort *status*, das sich mit »Zustand« übersetzen lässt. Staat ist stets Zustand, Rechtstaat immer Zustand des Rechts. Im Zustand verschmelzen die fraglos plausiblen Rationalitäten einer bestimmten Epoche zu einer gegebenen Realität. Insofern hat jeder Einzelne über seine Ein- und Vorstellungen und vielleicht sogar gegen seinen Willen an der aktuellen Fundamentalkrise seinen Anteil.

Einen Zustand kann man dann ändern, wenn die Zu- und Umstehenden, das Volk also, zur Änderung bereit sind. Auf den Willen zur Bewahrung durch Änderung ist das demokratische System angewiesen wie kein anderes. Demokratie ist das permanente Angebot zur Einsicht in die eigene Fehlbarkeit und darüber hinaus die ständige Einladung an alle Welt, das offenste aller Systeme zu widerlegen, wenn es bessere Argumente gibt.

Aus gutem Grund gibt es bis heute keine. Der ewige Vorteil der Freiheit ist die kreative Reproduktion ihrer selbst. Für erschöpfte Ichs ist das eine Bedrohung, für schöpferische eine Verheißung.

Christian Schüle
Deutschlandvermessung

Abrechnungen eines Mittdreißigers. 192 Seiten.
Piper Taschenbuch

Nichts ist mehr so, wie es vor zwanzig Jahren war. 1985 begann eine neue Zeitrechnung: Die heute 30jährigen wuchsen auf in Frieden, Freiheit und Wohlstand, verbanden mit dem Begriff Politik Helmut Kohl und mit der Zukunft ewigen Fortschritt. Ihr Lebensgefühl war beherrscht von der Überzeugung, nichts sei unmöglich. Sie wurden erzogen zur Selbstinszenierung und waren an keinerlei Tradition gebunden. Freier konnte man nicht sein.
Es kam alles anders.
Sie sind die ersten arbeitslosen Akademiker. Gott ist tot, die Nation passé und der Einzelne auf sich allein gestellt. Es gibt keine Gewißheiten mehr, keine Sicherheiten und kaum Halt. Eine Kohorte von Individualisten macht sich auf, die Zukunft der Republik zu gestalten. Doch mit welchen Überzeugungen? Was denken sie? Was wollen sie? Wer sind sie?

01/1583/02/R

MALIK

Christian Schüle
Türkeireise

Von unerhörten Begegnungen, erfüllten Sehnsüchten und der Suche nach Europa. 304 Seiten mit 24 farbigen und 2 Schwarzweißfotografien von Irina Ruppert und einer Karte. Gebunden

Ostanatolien und die Nähe zum Kaukasus, der arabisch geprägte Süden, die Grenzen zum Iran und Irak: Christian Schüle ging dort auf die Suche nach der türkischen Seele, wo für die meisten die Türkei bereits zu Ende ist. Wochenlang hat er das geheimnisvolle Land bereist, über das so viele urteilen, obwohl es ihnen unbekannt ist. In den Dörfern im konservativen Inneren, auf den Hochplateaus der Berge, an den Süd-, Nord- und Westküsten traf er auf Menschen, die zwischen Atatürk und Allah ihrem Leben einen Sinn abringen. In Kappadokien begegnete er Hatice, der Tochter des Limonenhändlers, die mit fünfundzwanzig schon ihren vierten Freund hat, aber noch nie richtig geküßt wurde. In Trabzon erfuhr er, warum alle Huren Natascha heißen, und im weltberühmten Antakya, warum sich alle vor dem feinen Herrn Yurttas verbeugen. Er ließ sich vom Zufall durch ein faszinierend fremdes Reich leiten, das die Geburtsstätte der Bibel und die Wiege abendländischer Kultur ist.

02/1070/01/R